MICHELE IASELLI

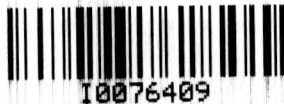

Il Codice della Privacy: una lettura ragionata

La protezione dei dati personali alla luce del D.Lgs. 196/2003

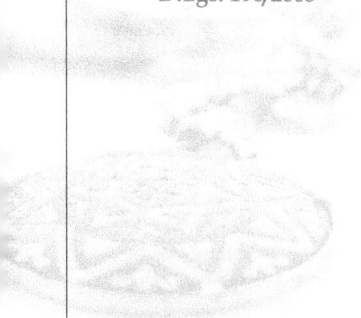

MICHELE IASELLI

Il Codice della Privacy: una lettura ragionata

La protezione dei dati personali alla luce del
D.Lgs. 196/2003

SOMMARIO

I

CAPITOLO I

PRINCIPI GENERALI IN TEMA DI PRIVACY E TUTELA DELL'INTERESSATO.

Il Codice per la protezione dei dati personali e' diviso in tre parti:

* la prima e' dedicata alle disposizioni generali, riordinate in modo tale da trattare tutti gli adempimenti e le regole del trattamento con riferimento ai settori pubblico e privato;

* la seconda e' la parte speciale dedicata a specifici settori: questa sezione, oltre a disciplinare aspetti in parte inediti (informazione giuridica, notificazioni di atti giudiziari, dati sui comportamenti debitori), completa anche la disciplina attesa da tempo per il settore degli organismi sanitari e quella dei controlli sui lavoratori;

* la terza affronta la materia delle tutele amministrative e giurisdizionali con il consolidamento delle sanzioni amministrative e penali e con le disposizioni relative all'Ufficio del Garante.

Il Codice si apre con una chiara enunciazione di principio "Chiunque ha diritto alla protezione dei dati personali che lo riguardano" il cui significato e' inequivocabile.

La finalita' di tale disposizione appare evidente: i dati personali vanno tutelati sempre indipendentemente dalla loro comunicazione e diffusione, dalla possibilita' stessa della lesione del valore sociale dell'individuo. Bisogna, quindi, fare riferimento a qualsiasi attivita' che abbia per oggetto i dati personali posta in essere nel territorio dello Stato con o senza l'ausilio di mezzi elettronici o automatizzati.

Ma al fine di comprendere tale enunciazione e la reale portata del Codice e' necessario innanzitutto chiarire alcuni concetti fondamentali.

Innanzitutto per *dato personale* si intende qualunque informazione relativa a persona fisica, persona giuridica, ente o associazione. Dato personale e', pertanto, un indirizzo, un numero di telefono, un codice di identificazione, una fotografia, un'impronta digitale, una nota valutativa. Insomma un lungo elenco continuamente suscettibile di integrazioni.

Per *trattamento di dati personali* si intende qualunque operazione o complesso di operazioni, effettuati anche senza l'ausilio di strumenti elettronici, concernenti la raccolta, la registrazione, l'organizzazione, la conservazione, la consultazione, l'elaborazione, la modificazione, la selezione, l'estrazione, il raffronto, l'utilizzo, l'interconnessione, il blocco, la comunicazione, la diffusione, la cancellazione e la distruzione di dati, anche se non registrati in una banca dati.

In particolare la *comunicazione* si configura quando i dati personali vengono portati a conoscenza, anche mediante la loro messa a disposizione o consultazione, di soggetti determinati. Per effettuare una comunicazione deve esserci il consenso dell'interessato (la pubblica amministrazione ha, pero', regole particolari, che vedremo in seguito). Mentre la *diffusione* ricorre quando le informazioni personali vengono portate a conoscenza, anche attraverso la loro messa a disposizione o consultazione, di soggetti indeterminati.

Altro concetto fondamentale da chiarire e' *l'ambito di applicazione del codice*. In effetti il legislatore delegato all'art. 5 ha ripristinato quale criterio principale di collegamento della fattispecie alla legge applicabile, lo stabilimento del territorio dello Stato o in un luogo sottoposto alla sua sovranita', del soggetto che effettua il trattamento di dati, ancorche' gli stessi siano detenuti all'estero.

Nel caso i cui il soggetto che effettua il trattamento sia stabilito in un altro Paese dell'Unione Europea, trovera' invece applicazione la legge del Paese di stabilimento.

La disposizione in esame assume particolare rilevanza in considerazione del fatto che la materia del trattamento dei dati personali pone spesso problemi di concorso di normative e,

2

conseguentemente, evidenzia la necessita' della determinazione della legge applicabile a tale trattamento, in quanto molteplici possono essere i collegamenti territoriali di tale attivita'. E' opportuno, quindi, adottare dei criteri di determinazione dell'ambito di applicazione spaziale delle leggi sul trattamento dei dati personali.

Di conseguenza il 1° comma dell'articolo in esame unisce le disposizioni degli artt. 2 comma 1 e 6 comma 1 della precedente legge 675/96 e sostiene una prospettiva del tutto territoriale prevedendo che debba rimanere assoggettato ala legge italiana chiunque compia nel territorio dello Stato attivita' che concretino un "trattamento" di dati personali.

Il 2° comma di quest'art. 5 riprendendo le disposizioni di cui agli artt. 2, commi 1 bis, e 1 ter, della l. n. 675/1996 prevede (estendendola) l'applicazione della normativa anche a quei soggetti che hanno sede fuori dall'Unione Europea, ma che utilizzano mezzi localizzati sul territorio italiano per il trattamento dei dati personali come ad esempio le multinazionali americane presenti in Italia. Si ricorda che tali disposizioni furono introdotte dal d.lgs. n. 467/2001 (in particolare l'art. 1 che ando' ad integrare l'art. 2 della legge 675/96).

Il 3° comma della disposizione in esame riprende quanto determinato dall'art. 3 della legge 675/96 e secondo la dottrina (FRANCESCHELLI) questo comma puo' essere interpretato in due diversi modi: o come un'eccezione di fronte a un sistema articolato di protezione della riservatezza informatica e dell'identita' personale o come espressione di un principio generale del nostro ordinamento di protezione delle liberta' fondamentali, della dignita' delle persone fisiche, della riservatezza e dell'identita' personale.

L'art. 2 del Codice chiarisce poi quale deve essere la finalita' del trattamento dei dati personali.

In particolare il trattamento dei dati personali si deve svolgere nel rispetto dei diritti e delle liberta' fondamentali, nonche' della dignita' dell'interessato, con particolare riferimento alla

3

riservatezza, all'identita' personale e al diritto alla protezione dei dati personali.

Il primo comma dell'art. 2 riproduce quasi fedelmente l'art. 1 comma 1 della legge 675/96 in quanto si preferisce non distinguere piu' fra persone fisiche e persone giuridiche ma parlare genericamente di "interessato". In questo modo, per la verita', il comma in esame si discosta leggermente sia dall'art. 1 della Convenzione del Consiglio d'Europa n. 108 sulla protezione delle persone rispetto al trattamento automatizzato di dati di carattere personale adottata a Strasburgo il 28 gennaio 1981 che dall'art. 1 della Direttiva 95/46/CE del Parlamento europeo e del Consiglio datata 24 ottobre 1995. Difatti entrambi i documenti fanno riferimento alla tutela dei diritti e delle liberta' fondamentali delle "persone fisiche" utilizzando quindi un'espressione sicuramente piu' restrittiva rispetto al codice italiano.

Del tutto nuovo e' il 2° comma di quest'art. 2 che introduce anche in un settore cosi' delicato come la privacy quei concetti di semplificazione, armonizzazione ed efficacia propri della legge sulla trasparenza (legge 241/90) con particolare riguardo all'esercizio dei diritti da parte degli interessati ed all'adempimento degli obblighi da parte dei titolari del trattamento.

Ma indubbiamente il principio di maggiore rilevanza del Codice e' quello contenuto nell'art. 3 laddove si parla di necessita' nel trattamento dei dati.

Secondo tale principio i sistemi informativi e i software devono essere configurati in modo da minimizzare il ricorso a dati personali e identificativi, sostituendone il trattamento con l'utilizzo di dati anonimi o pseudonimi quando le rispettive finalita' non ne risentano, prevedendo l'identificazione dell'interessato solo in caso di necessita'.

In altri termini avuto riferimento al trattamento informatico dei dati personali, l'art. 3 del codice sancisce il principio della necessita' di identificare l'interessato solo in casi eccezionali

4

laddove non sia possibile perseguire determinate finalita' in altri modi meno invasivi.

Quest'art. 3 del codice non ha precedenti anche se sin da quando sono stati affrontati i primi problemi di privacy gli studiosi si sono posti il problema della necessita' o meno di una specifica tutela avuto riguardo al rapporto tra "riservatezza-computer"; l'impiego dell'elaboratore elettronico, infatti, consente di impadronirsi ed archiviare informazioni che riguardano l'individuo, comprese quelle della sua vita privata sottoponendolo, cosi', ad una nuova forma di dominio, che si potrebbe chiamare *"il potere informatico"*.

Il *"right to privacy"* ha quindi acquistato un nuovo significato ed una nuova ampiezza, che non poteva avere un secolo fa: questo ora consiste nel diritto, riconosciuto al cittadino, *di esercitare anche un controllo sull'uso dei propri dati personali inseriti in un archivio elettronico*.[1]

Anch'esso fa parte del *"diritto all'informazione"*, in quanto espressione del diritto di informarsi sul proprio conto e di poter disporre dei dati informatizzati, di cui e' in possesso il gestore di un elaboratore elettronico; piu' correttamente puo' parlarsi di *"liberta' informatica"* intesa come una nuova manifestazione del tradizionale diritto alla liberta' personale; che si aggiunge a quelle del diritto di disporre liberamente del proprio corpo, di esprimere liberamente il proprio pensiero.

Il diritto alla riservatezza, per effetto della nuova dimensione acquisita, non viene, infatti, piu' inteso in un senso puramente negativo, come facolta' di ripulsa delle intromissioni di estranei nella vita privata, o di rifiutare il consenso alla diffusione di informazioni sul proprio conto, di rinuncia alla partecipazione nella vita sociale; ma in senso positivo, come affermazione della liberta' e dignita' della persona, e come potere di limitare il potere informatico, controllandone i mezzi ed i fini di quel potere.[2]

---

[1] V. Frosini, *Il giurista e le tecnologie dell'informazione*, Roma, 1998
[2] V. Frosini, *op. cit.*

5

Le figure fondamentali connesse alla protezione dei dati personali sono cinque: il Garante, il titolare, il responsabile, l'incaricato, l'interessato.

Il *Garante per la protezione dei dati personali* (artt. 153 e ss. del Codice) e' costituito da quattro componenti, due eletti dalla camera e due dal Senato. L'attuale presidente dell'Autorita' e' Stefano Rodota', che e' al secondo mandato.

Compito del Garante e' vigilare sull'applicazione della legge.

Nella materia della privacy informatica la scelta del modello dell'Authority, indipendente dal Governo quale e' il Garante, era quasi obbligata in quanto gia' la Direttiva Comunitaria 95/46/CEE del 25 ottobre 1995 imponeva espressamente ad ogni Stato membro di disporre *"che una o piu' autorita' pubbliche siano incaricate di sorvegliare, nel suo territorio, l'applicazione delle disposizioni di attuazione della presente Direttiva, adottate dagli Stati membri"*. La Direttiva precisa, inoltre, che tali autorita', che dovranno formare una vera e propria rete europea di controllori, *"sono pienamente indipendenti nell'esercizio delle funzioni loro attribuite"*. Le funzioni, che sono di tipo investigativo, regolamentare e giurisdizionale tutelano coloro che ritengano di essere stati lesi in un diritto o liberta' riferita al trattamento dei dati personali.

La legge italiana segue fedelmente il modello comunitario. Infatti il Garante *"opera in piena autonomia e con indipendenza di giudizio e di valutazione"* e non attribuisce al Governo alcun potere diretto nei suoi confronti. Vi e' invece un collegamento istituzionale con il Parlamento che elegge i quattro membri che compongono il nuovo organo collegiale e riceve annualmente una relazione del Garante sull'attivita' svolta. Il legame con il Parlamento oltre ad essere istituzionale e' anche politico visto che i quattro membri sono eletti, due dalla Camera e due dal Senato, con voto limitato in modo tale da garantire alle opposizioni la possibilita' di esprimere un proprio candidato.

Il *titolare* (art. 28 del Codice) e' il soggetto che esercita un potere decisionale del tutto autonomo sulle finalita' e modalita' del trattamento, ivi compreso il profilo della sicurezza. Puo' essere una persona fisica, una persona giuridica o un ente.

L'art. 28 chiarisce (sebbene cio' sia pacifico sul piano giuridico e dell'applicazione pratica) che nel caso in cui il trattamento e' effettuato da una persona giuridica, da una pubblica amministrazione o da altro ente, "titolare" e' l'entita' nel suo complesso, oppure l'unita' periferica che esercita un potere decisionale autonomo sulle finalita' del trattamento, anziche' la persona fisica incardinata nell'organo o preposta all'ufficio.

Tale disposizione ha tenuto conto di alcune importanti decisioni del Garante quale quella del 9 dicembre 1997 dove a seguito di un quesito posto dalle F.S. S.p.A. sulla concreta individuazione della figura del titolare del trattamento, il Garante ha chiarito che se il trattamento e' effettuato nell'ambito di una persona giuridica di una pubblica amministrazione o di un altro organismo, il titolare e' l'entita' nel suo complesso anziche' una o piu' persone fisiche. In pari data il Garante ha affrontato un'analoga questione posta dal Ministero delle Finanze ed anche in questo caso ha concluso che non e' possibile individuare la titolarita' del trattamento nelle persone fisiche preposte ad una direzione generale o ad un'area, dovendo tale qualita' essere configurata in capo al Ministero (oppure alle complesse unita' organizzative - direzione generale o aree anche geografiche - qualora sia possibile riconoscere a queste ultime potesta' decisorie effettive e del tutto autonome in ordine al trattamento dei dati). Resta, pero', ferma la facolta' del Ministero di designare alcuni soggetti (persone fisiche o giuridiche, enti od organismi) quali *"responsabili"* del trattamento, delineandone analiticamente e per iscritto i compiti attribuiti, e individuando al loro interno, se del caso, ulteriori livelli di responsabilita' in base all'organizzazione delle divisioni e degli uffici o alle tipologie di trattamenti, di archivi e di dati.

Il *responsabile* (art. 29 del Codice) e' la persona fisica o giuridica che puo' essere designata da parte del titolare del trattamento. Dovra' sempre essere scelto tra persone che per esperienza o capacita' forniscano idonea garanzia sul pieno rispetto delle norme in materia di trattamento dei dati, compreso il profilo della sicurezza.

La Convenzione di Strasburgo prevedeva un "responsabile dello schedario", ma in realta' tale figura si identifica nel soggetto che poi nella previsione della normativa sulla privacy viene individuato con l'espressione "titolare". La Direttiva 95/46/CE individua con le espressioni "responsabile del trattamento" ed "incaricato del trattamento" le figure identificate nella normativa interna rispettivamente con i termini "titolare" e "responsabile". In realta', pero', v'e' da sottolineare che la normativa comunitaria attribuisce rilevanza ad una circostanza di mero fatto, sancendo che e' "incaricato" colui che "elabora dati personali per conto del responsabile del trattamento".

E' importante sottolineare che nella disposizione in esame, per fugare ogni possibile dubbio interpretativo emerso in qualche caso, si chiarisce ancor piu' che la nomina del responsabile e' meramente facoltativa e compete al solo titolare. Per la verita' gia' in un comunicato stampa del 7 maggio 1997 il Garante aveva precisato che "la nomina di un responsabile e' facoltativa e compete al titolare". Inoltre con un provvedimento del 22 ottobre 1997 relativo ad un quesito posto dalla American Express, il Garante ha precisato che l'indicazione del responsabile nell'informativa all'interessato puo' essere effettuata "con riferimento alla qualita' rivestita pro-tempore, il che eviterebbe, in caso di avvicendamento in tale qualita', di ripetere l'informativa".

L'*incaricato* (art. 30 del Codice) e' chiunque compie operazioni di trattamento. Possono essere individuati come incaricati solo le persone fisiche e non anche le persone giuridiche.

La designazione degli incaricati deve ritenersi valida anche se sussiste la documentata preposizione della persona fisica a una unita' per la quale e' individuato l'ambito del trattamento consentito agli addetti all'unita' medesima.

L'art. 30 del Codice chiarisce, confermando una sperimentata prassi applicativa considerata corretta anche dal Garante, che alla designazione espressa e specifica degli incaricati - da effettuarsi in

ogni caso per iscritto e con riguardo a specifiche mansioni - e'
"parificata" la preposizione della persona fisica ad una unita'
organizzativa per la quale sia individuato per iscritto l'ambito del
trattamento consentito agli addetti ivi preposti. Tale previsione
rappresenta un'indubbia forma di semplificazione
dell'adempimento per i titolari o responsabili, che tuttavia non va
a detrimento della sua efficacia.

In effetti la legge 675/96 non ha mai definito il termine
"incaricato" e dalle disposizioni di cui all'art. 8 e 19 e' stata sempre
evidenziata l'assoluta dipendenza dell'incaricato dalle istruzioni
impartite dal titolare o dal responsabile.

La Direttiva Comunitaria prevede esplicitamente la figura
dell'incaricato del trattamento all'art. 17, par. 3 dove dispone che
"l'esecuzione dei trattamenti su commissione deve essere
disciplinata da un contratto o da un atto giuridico che vincoli
l'incaricato del trattamento al responsabile del trattamento e che
preveda segnatamente:

- che l'incaricato del trattamento operi soltanto su istruzioni del
  responsabile del trattamento;
- che gli obblighi di cui al paragrafo 1, quali sono definiti dalla
  legislazione dello Stato membro nel quale e' stabilito
  l'incaricato del trattamento, vincolino anche quest'ultimo".

L'*interessato*, infine, e' la persona a cui si riferiscono i dati. Non si
deve, pero', pensare solo alla persona fisica, per quanto nella
maggior parte dei casi l'interessato si identifichi con quella. Il
concetto, infatti, ricomprende anche la persona giuridica, l'ente o
l'associazione a cui si possono riferire dati personali.

L'art. 7 del T.U. introduce il Titolo II che disciplina i diritti
dell'interessato. In particolare si fa riferimento al diritto di accesso
ai dati personali ed agli altri diritti connessi, riprendendo le
prescrizioni dell'art. 13 comma 1 della legge 675/96. La dottrina[3]
ha sottolineato gia' da tempo come l'espressione "diritti
dell'interessato" enfatizzi particolarmente la natura di diritto

---

[3] R. Ristuccia, *La tutela dei dati personali- commentario alla legge 675/96*, a cura di E. Giannantonio, M.G. Losano e V. Zeno Zencovich , Padova, 1999.

soggettivo delle pretese che l'interessato vanta nei confronti di chi tratta dati che lo riguardano. Il primo diritto che si legge nella disposizione e' quello di avere *conferma dell'esistenza o meno di dati personali anche se non ancora registrati e la loro comunicazione in forma intellegibile*, distinguendosi in cio' da quanto prescritto dalla legge 675/96 che sebbene conteneva disposizione analoga all'art. 13, 1° co., lett. c) punto 1 (prima parte), essa era collocata sistematicamente in ordine successivo, mentre l'art. 13 si apriva riconoscendo il diritto dell'interessato ad accedere al registro dei trattamenti, diritto questo che non viene menzionato nel nuovo art. 7 del T.U.

L'interessato ha, inoltre, diritto di ottenere l'indicazione:

1) dell'origine dei dati personali;

2) delle finalita' e modalita' del trattamento;

3) della logica applicata in caso di trattamento effettuato con l'ausilio di strumenti elettronici;

4) degli estremi identificativi del titolare, dei responsabili e del rappresentante designato ai sensi dell'articolo 5, comma 2;

5) dei soggetti o delle categorie di soggetti ai quali i dati personali possono essere comunicati o che possono venirne a conoscenza in qualita' di rappresentante designato nel territorio dello Stato, di responsabili o incaricati.

Sempre l'interessato ha diritto di ottenere:

1) l'aggiornamento, la rettificazione ovvero, quando vi ha interesse, l'integrazione dei dati;

2) la cancellazione, la trasformazione in forma anonima o il blocco dei dati trattati in violazione di legge, compresi quelli di cui non e' necessaria la conservazione in relazione agli scopi per i quali i dati sono stati raccolti o successivamente trattati;

3) l'attestazione che le operazioni di cui alle lettere a) e b) sono state portate a conoscenza, anche per quanto riguarda il loro contenuto, di coloro ai quali i dati sono stati comunicati o diffusi, eccettuato il caso in cui tale adempimento si rivela impossibile o comporta un impiego di mezzi manifestamente sproporzionato rispetto al diritto tutelato.

10

Particolari problemi di comprensione si sono posti in dottrina sulla natura del diritto di opposizione di cui al comma 4 lett. a) della disposizione in esame in quanto non risulta prima facie la portata dei risultati che attraverso la previsione normativa l'interessato e' in grado di raggiungere, ne' e' chiaro quale sia la posizione giuridica del titolare rispetto all'opposizione. Appare, innanzitutto evidente che ci si trova di fronte ad un trattamento pienamente legittimo dei dati (la stessa direttiva comunitaria n. 95/46/CE affronta l'argomento in modo analogo riconoscendo l'esistenza di un interesse legittimo/pubblico di chi tratta i dati ed un interesse della persona a cui i dati si riferiscono). Probabilmente secondo la dottrina dominante l'opposizione di cui all'art. 7 lett. a) rappresenta lo strumento nel diritto interno per effettuare la ponderazione degli interessi prevista dalla disciplina comunitaria nei casi di trattamento senza preventivo consenso.

Resta comunque fermo anche alla luce del nuovo Codice che l'interessato ha diritto di ottenere una serie di informazioni oppure una modificazione dello stato di cose esistente, facendo uso di quel particolare strumento che l'articolo 146 del Codice della privacy denomina "interpello preventivo".

L'art. 8 nel disciplinare l'esercizio dei diritti si apre con una enunciazione di principio circa la concreta modalita' di esercizio dei diritti di cui all'art. 7 (*i diritti di cui all'articolo 7 sono esercitati con richiesta rivolta senza formalita' al titolare o al responsabile, anche per il tramite di un incaricato, alla quale e' fornito idoneo riscontro senza ritardo*) che non ritroviamo nella legge 675/96, bensi' nell'art. 13 della direttiva 95/46CE e nell'art. 17, 1° comma, del D.P.R. n. 501/98 (specifico regolamento recante norme per l'organizzazione ed il funzionamento dell'Ufficio del Garante per la protezione dei dati personali).

Il 2° comma dell'art. 8 riproduce fedelmente (con qualche integrazione) l'art. 14, comma 1, della legge 675/96 fissando alcuni limiti all'esercizio dei diritti dell'interessato cosi' come previsti dal precedente art. 7, in relazione a determinate specie di trattamenti di dati. Detti limiti, il cui fondamento va rintracciato nella previsione dell'art. 9, par. 3 della Convenzione di Strasburgo n.

108/81 sulla protezione delle persone rispetto al trattamento automatizzato dei dati di carattere personale, si giustificano in relazione alle particolari caratteristiche dei dati presi in considerazione e delle relative finalita' di utilizzazione.

Rispetto al precedente art. 14 della legge 675/96 sono stati aggiunti in questa nuova disposizione altri due limiti, tra l'altro piuttosto prevedibili, relativi a ragioni di giustizia e per le finalita' connesse al trattamento dei dati da parte di forze di polizia.

La disposizione in esame dopo aver enumerato le ipotesi di limitazione dei diritti degli interessati si preoccupa al 3° comma di assicurare che, nelle stesse ipotesi, sia comunque garantito il rispetto delle disposizioni in materia di trattamento di dati personali. A tal fine si attribuisce al Garante, a seconda dei vari casi, il compito di effettuare gli accertamenti e controlli previsti dagli artt. 157-158-159-160 del T.U.

L'art. 8 si chiude con una precisazione che non trova precedenti e che appare pero' particolarmente opportuna in quanto, qualora ci si trovi di fronte a particolari valutazioni di carattere soggettivo che si concretino comunque in dati personali, l'esercizio dei diritti di rettificazione ed integrazione dati di cui all'art. 7 appare piuttosto difficile se non proibitivo. In tal senso basti vedere il parere del Garante datato 11 settembre 2001 avente per oggetto una richiesta di rettifica di dati personali che costituiscono espressione del livello d'inquadramento mansionistico e retributivo del dipendente in azienda.

L'art. 9 del Codice disciplina le concrete modalita' di esercizio dei diritti dell'interessato.

In particolare il primo comma di questa disposizione si ispira al 3° comma dell'art. 17 del D.P.R. 501/98 ma ha una portata molto piu' ampia in quanto non si limita a sostenere che la richiesta relativa all'esercizio di un diritto dell'interessato puo' essere trasmessa mediante lettera raccomandata o telefax, ma fa esplicito riferimento alla posta elettronica, non dimenticando di

12

ricomprendere anche ulteriori e non definite soluzioni tecnologiche.

Il 2° comma non e' altro che la fusione di due disposizioni quella di cui all'art. 13, comma 4 della legge 675/96 e quella dell'art. 17, comma 4 del D.P.R. 501/98. Secondo tale prescrizione l'interessato puo' delegare altri all'esercizio dei propri diritti, ma viene imposta la forma scritta a pena di difetto di legittimazione attiva. Il richiamo alle associazioni lascia intendere che parte significativa del disposto normativo dipendera' dal ruolo che potranno assumere enti esponenziali degli interessi di chi subisce trattamenti di dati personali.[4]

Il 3° comma di quest'art. 9 trae ispirazione dal 3° comma dell'art. 13 della legge 675/96 ma ne corregge un'imprecisione molto criticata in dottrina. Difatti il vecchio art. 13 parlava di esercizio di diritti concernenti dati personali di una persona defunta da parte di *chiunque ne abbia interesse*, e giustamente molti autori (CONTE, GUERRA, BUTTARELLI) hanno sempre sostenuto che in tal modo il dettato normativo non risolveva i dubbi in merito all'individuazione dei soggetti legittimati all'esercizio della tutela postuma, all'ampiezza dei diritti oggetto della tutela stessa ed al delicato problema della c.d. successione nei diritti della personalita'. Il nuovo art. 9, quindi, ha corretto il tiro riconoscendo la legittimazione ad esercitare i diritti di un defunto a chi abbia un interesse proprio, o agisce a tutela dell'interessato o per ragioni familiari degne di protezione.

Il 4° comma prevede che l'identita' dell'interessato deve essere verificata sulla base di idonei elementi di valutazione, anche mediante atti o documenti disponibili o esibizione o allegazione di copia di un documento di riconoscimento.

L'articolo 10, infine, disciplina il riscontro all'interessato e riprende molte prescrizioni contenute nell'art. 17 del D.P.R. 501/98.

Il primo comma, ad esempio, riproduce piuttosto fedelmente il comma 9 dell'art. 17 del D.P.R. 501/98, mentre il 2° comma

---

[4] R. Ristuccia, *op. cit.*

riproduce il 6° comma dello stesso art. 17 con espliciti riferimenti ai nuovi strumenti elettronici e telematici che consentono un'agevole visione o trasmissione dei dati di interesse. Difatti la disposizione prevede che i dati sono estratti a cura del responsabile o degli incaricati e possono essere comunicati al richiedente anche oralmente, ovvero offerti in visione mediante strumenti elettronici, sempre che in tali casi la comprensione dei dati sia agevole, considerata anche la qualita' e la quantita' delle informazioni. A condizione che sia richiesta, si provvede alla trasposizione dei dati su supporto cartaceo o informatico, ovvero alla loro trasmissione per via telematica.

Anche il 3° comma di quest' art. 10 riprende una disposizione dell'art. 17 del D.P.R. 501/98 e per la precisione il 5° comma avendo cura di sottolineare che il riscontro all'interessato sia comprensivo di tutti i dati personali comunque trattati, facendo salva l'applicazione dell'art. 84 del T.U. nel caso la richiesta sia rivolta ad un esercente la professione sanitaria.

I commi 4, 5 e 6 della disposizione in esame, invece, non hanno riferimenti normativi e si preoccupano principalmente di assicurare una comunicazione intelligibile e quindi comprensiva dei dati mediante l'utilizzo di una grafia comprensibile e anche attraverso l'esibizione e la consegna in copia di atti e documenti di interesse.

Il 7° comma affronta un argomento gia' disciplinato sia dall'art. 13, comma 2, della legge 675/96 che dall'art. 17, comma 7, del D.P.R. 501/98 e cioe' la previsione di un contributo spese di entita' limitata qualora non risulti confermata l'esistenza di dati che riguardino l'interessato. In effetti il problema che si e' sempre posto la dottrina e' un altro, anche se strettamente collegato all'argomento in questione, e cioe' se l'esercizio dei diritti dell'interessato debba essere gratuito o oneroso. La dottrina dominante (IMPERALI RIC. E ROS.) propende per la gratuita', ma esiste qualche perplessita' specie avuto riferimento all'integrazione od opposizione ad un trattamento in se' legittimo.

14

Anche l'8° ed il 9° comma disciplinano il contributo spese in questione traendo spunto rispettivamente dai commi 7 ed 8 dell'art. 17 del D.P.R. 501/98. In particolare si fa riferimento alle modalita' di corresponsione del contributo (comma 9) ed alla determinazione dell'entita' del contributo da parte del Garante con un provvedimento di carattere generale, specie avuto riferimento ai casi in cui i dati personali figurino su uno speciale supporto di cui si richiede la riproduzione o comunque quando le relative richieste siano particolarmente complesse (comma 8).

CAPITOLO II

REGOLE GENERALI PER IL TRATTAMENTO DEI DATI PERSONALI

Le regole generali sono contenute nel capo I del Codice per la protezione dei dati personali dall'art. 11 all'art. 17.

L'art. 11 nello specificare al 1° comma le modalita' del trattamento ed i requisiti dei dati personali riproduce integralmente il 1° comma dell'art. 9 della legge 675/96. Di conseguenza i dati personali devono essere:

1. trattati in modo lecito e secondo correttezza;

2. raccolti e registrati per scopi determinati, espliciti e legittimi, ed utilizzati in altre operazioni del trattamento in termini compatibili con tali scopi;

3. esatti e, se necessario, aggiornati;

4. pertinenti, completi e non eccedenti rispetto alle finalita' per le quali sono raccolti o successivamente trattati;

5. conservati in una forma che consenta l'identificazione dell'interessato per un periodo di tempo non superiore a quello necessario agli scopi per i quali essi sono stati raccolti o successivamente trattati.

L'art. 5 della Convenzione di Strasburgo del 28/1/81 costituisce un sicuro precedente del comma in argomento. Sin da allora, difatti, si delineano chiaramente le regole cui e' soggetto il trattamento, nonche' gli specifici requisiti che i dati personali devono possedere. La disposizione si ispira anche all'art. 6 della Direttiva 95/46/CE il quale, riprendendo il ventottesimo *Considerando*, dispone tutta una serie di regole relative al trattamento e alla qualita' dei dati personali.

Il 2° comma, invece, rappresenta un'innovazione e tende a puntualizzare (ma per la verita' la precisazione appare inopportuna, in quanto piuttosto ovvia e ridondante) l'impossibilita' di utilizzare quei dati personali trattati in violazione della normativa vigente.

Il primo comma dell'art. 12 del Codice riprende quanto disposto dall'art. 31, comma 1, lett. h) della legge 675/96.

Ma naturalmente in questa nuova sede la previsione dei codici di deontologia e buona condotta assume tutt'altra rilevanza ed e' oggetto di una disposizione autonoma, mentre nella precedente legge rientrava semplicemente nell'elencazione dei compiti del Garante.

Indubbiamente la maggiore rilevanza di tali codici e' dovuta al d.lgs. n. 467/2001 che all'art. 20 li ha introdotti allo scopo di disciplinare il trattamento dei dati personali in determinati settori quali Internet, il marketing, il campo previdenziale, i sistemi informativi adottando un modello gia' sperimentato per il passato in altri campi, come quello giornalistico. L'intento e' quello di pubblicare questi codici di autodisciplina sulla Gazzetta Ufficiale al fine di dotare gli stessi di una specifica forza prescrittiva e poter garantire: la trasparenza, la riservatezza, il corretto uso dei dati che viaggiano nella rete ricorrendo a degli strumenti elastici, in grado di adeguarsi rapidamente alle nuove esigenze dell'epoca attuale. Difatti questi codici saranno elaborati direttamente dalle parti interessate e quindi dagli utenti, dai consumatori, che potranno cosi' difendersi dal pericolo derivante dall'uso improprio delle informazioni, dalle frodi, dalle violazioni di legge.

Il 2° ed il 3° comma della disposizione in esame si ispirano, quindi, all'art. 20 del d.lgs. n. 467/2001 rispettivamente al 4° e 3° comma, mentre l'ultimo comma prevede solo l'estensione della disciplina generale al codice di deontologia per i trattamenti di dati per finalita' giornalistiche.

L'art. 13 del Codice disciplina la c.d. informativa e quindi l'obbligo dei responsabili del trattamento di informare preventivamente l'interessato o la persona della quale sono raccolti i dati personali circa: le finalita' e le modalita' del trattamento dei dati, la natura obbligatoria o facoltativa del conferimento dei dati, le conseguenze

18

di un eventuale rifiuto di rispondere, i soggetti o le categorie di soggetti ai quali i dati possono essere comunicati, il diritto di accesso dell'interessato ed i diritti connessi, le generalita' del titolare ed eventualmente del responsabile.

L'intera disposizione riproduce, anche se con qualche modifica, l'art. 10 della legge 675/96 ad eccezione del 3° comma che prevede la facolta' per il Garante di individuare delle modalita' semplificate per l'informativa fornita dai servizi telefonici di assistenza o di informazione. Altro precedente della disposizione in esame e' rappresentato dall'art. 10 della Direttiva 95/46/CE che fissa le informazioni minime che devono essere fornite all'interessato al momento della raccolta. La Direttiva, inoltre, prevede una tipica clausola di proporzionalita' che rapporta le eventuali ulteriori informazioni all'esigenza di assicurare un "trattamento leale".

Il principio generale enunciato in quest'articolo 13 rientra nella tendenza a legificare gli obblighi di informazione. Esso e' posto nell'evidente intento di consentire all'interessato l'espressione di un "consenso informato" al trattamento. Infatti solo disponendo preventivamente delle informazioni elencate nell'articolo e' possibile valutare se prestare il consenso.[5] Tale principio e' oggetto di una delle prime decisioni del Garante datata 28/05/97 in merito al contenzioso Adusbef/BNL dove viene sancito che l'informativa deve essere completa e analitica al fine di consentire all'interessato di conoscere i vari aspetti del trattamento e prestare un consenso informato. Ma il Garante e' tornato sull'argomento diverse volte, basti pensare alla decisione del 16 maggio 2002 dove nell'esaminare l'ipotesi dell'avvenuta inserzione in un sito web, da parte di una societa' di sviluppo fotografico, di alcune fotografie originariamente ricevute da alcuni fotonegozianti, ha ribadito l'applicabilita' della legge n. 675/1996 anche alle immagini fotografiche, affrontando le connesse problematiche in tema

---

[5] V. Zeno Zencovich, *La tutela dei dati personali- commentario alla legge 675/96*, a cura di E. Giannantonio, M.G. Losano e V. Zeno Zencovich , Padova, 1999.

19

d'informativa sul trattamento dei dati oppure alla decisione del 19 febbraio 2002 dove il Garante chiarisce che se nel corso di un'investigazione privata alcuni dati personali vengano acquisiti direttamente dall'interessato (mediante ascolto, registrazione e intercettazione), l'agenzia investigativa che procede all'indagine deve fornire all'interessato medesimo l'informativa prevista dalla legge.

L'art. 14 del Codice non e' altro che una fedele riproduzione dell'art. 17 della legge 675/96.

Il legislatore sensibile alla pericolosita' dei sistemi di profilazione individuale, ha disciplinato in modo specifico questo delicato aspetto.

La norma non ha un testuale precedente nella Convenzione di Strasburgo del 1981, sebbene sia sostenibile che un principio simile possa essere ricavato dall'art. 5 della medesima Convenzione, il quale impone che i dati personali vadano elaborati "lealmente e legalmente".[6]

Un immediato ed esplicito riferimento a tale disposizione va invece rintracciato nell'art. 15 della Direttiva 95/46/CE. La norma comunitaria parte dal riconoscimento del diritto della persona "di non essere sottoposta ad una decisione che produca effetti giuridici o abbia effetti significativi nei suoi confronti fondata esclusivamente su un trattamento automatizzato di dati destinati a valutare taluni aspetti della sua personalita', quali il rendimento professionale, il credito, l'affidabilita', il comportamento, ecc." Poi al par. 2 concede agli Stati membri la facolta' di disporre che una persona possa essere sottoposta ad una tale decisione, ma solo in casi eccezionali.

Il primo comma di quest'art. 14 assume un'importanza ed un significato particolare tenuto conto delle potenzialita' notevoli delle tecnologie informatiche che possono consentire la costruzione automatica di profili individuali e collettivi nonche' l'affidamento a procedure automatizzate di determinate decisioni

---

[6] A. Bellavista, *La tutela dei dati personali- commentario alla legge 675/96*, a cura di E. Giannantonio, M.G. Losano e V. Zeno Zencovich , Padova, 1999.

sul conto dei soggetti interessati. Difatti, nell'attuale era tecnologica le caratteristiche personali di un individuo possono essere tranquillamente scisse e fatte confluire in diverse banche dati, ciascuna di esse contraddistinta da una specifica finalita'. Su tale presupposto puo' essere facilmente ricostruita la c.d. *persona elettronica* attraverso le tante tracce che lascia negli elaboratori che annotano e raccolgono informazioni sul suo conto.

Allo stato attuale sono evidenti, quindi, sia il timore che la semplificazione delle procedure e la dimensione globale delle reti informatiche possano tradursi in un appiattimento e svuotamento dei diritti delle persone fisiche e giuridiche, sia la consapevolezza della oggettiva utilita' di tali strumenti che trascendono l'ambito nazionale sia la necessita' di armonizzare quei diritti con la realizzazione di interessi pubblici e collettivi, dando attuazione, anche nel nostro ordinamento, alle applicazioni comunitarie in materia.

Il 2° comma della disposizione in esame considera il caso in cui una decisione, implicante la "valutazione del comportamento umano", sia "unicamente" fondata su un "trattamento automatizzato di dati personali volto a definire il profilo o la personalita' dell'interessato". Essa, quindi, riguarda l'ipotesi della presa di decisioni sulla base di profili automatizzati. Non e' detto che la stessa decisione debba essere anch'essa automatizzata, e' sufficiente che la base di essa sia costituita da un trattamento automatizzato. Pertanto, il campo di azione dell'enunciato e' estremamente ampio.[7]

L'art. 15 del Codice affronta il tema della responsabilita' civile per i danni procurati dal trattamento di dati personali. La Direttiva 95/46/CE dedica all'argomento della responsabilita' l'art. 23 il quale sancisce che "*Gli Stati membri dispongono che chiunque subisca un danno cagionato da un trattamento illecito o da qualsiasi altro atto incompatibile con le disposizioni nazionali di attuazione della presente direttiva abbia il diritto di ottenere il risarcimento del pregiudizio subito dal responsabile del trattamento*". Inoltre specifica al 2° comma che "*il*

---

[7] A. Bellavista, *op. cit.*

responsabile del trattamento puo' essere esonerato in tutto o in parte da tale responsabilita' se prova che l'evento dannoso non gli e' imputabile".

In base a quanto prescritto dall'art. 15 chi ritiene di essere stato leso a seguito dell'attivita' di trattamento dei dati personali che lo riguardano puo' ottenere il risarcimento dei danni senza dover provare la "colpa" del titolare che ha trattato i suoi dati. Resta ovviamente a carico dell'interessato l'onere di provare eventuali danni derivanti dal trattamento dei dati.

Secondo la dottrina dominante[8] la regola risarcitoria contenuta in quest'art. 15 e' da considerare applicabile anche ai danni conseguenti al trattamento dei *manual data*.

Tanto in sede comunitaria quanto in quella nazionale, e' stato ben chiaro che i rischi maggiori sono connessi all'uso "tecnologico" dei dati, ma, valutato che l'angolo visuale e', in ultima analisi, il valore della riservatezza e dei diritti della personalita', e' prevalsa la posizione che la tutela della privacy debba estendersi a tutte le specie di dati personali. Certo, non puo' negarsi che la prevalente portata dell'art. 18 e' da ricondurre al trattamento automatizzato dei dati.

Il 2° comma di quest'art. 15 riprende l'annosa questione relativa alla categoria del danno non patrimoniale. E' noto, difatti, che le frequenti dispute dottrinali hanno riguardato la nozione in se' di "danno non patrimoniale". Secondo taluni essa viene a coincidere con la sofferenza psico-fisica del soggetto e meglio vi si attaglia la definizione di danno morale (SCOGNAMIGLIO), ma non manca chi tende a circoscrivere nell'area del danno morale i pregiudizi non suscettibili di valutazione economica mediante criteri obiettivi (BUSNELLI). Non bisogna dimenticare, inoltre, un altro indirizzo dottrinale che determina, in negativo, la figura del danno non patrimoniale, facendola coincidere con una serie di fenomeni eterogenei accomunati dalla non patrimonialita' dell'interesse leso o dalla non valutabilita' in denaro della lesione (DE CUPIS).

---

[8] S. Sica, *La tutela dei dati personali- commentario alla legge 675/96*, a cura di E. Giannantonio, M.G. Losano e V. Zeno Zencovich , Padova, 1999.

E' plausibile, comunque, affermare che tale disposizione finisce per contenere una sorta di principio di *"indemnisation* integrale del danno non patrimoniale da trattamento dei dati personali". Invero, e' difficile scorgere una fattispecie che resti fuori dalla previsione dell'art. 11 e, dunque, non rilevi, ai fini riparatori, come violazione di detto articolo.

L'art. 16 del Codice disciplina la cessazione del trattamento dei dati prevedendo in particolare quale debba essere il comportamento del titolare o responsabile nel caso di cessazione del trattamento. In questo caso, difatti, i dati dovranno essere distrutti; oppure ceduti ad altro titolare, purche' destinati ad un trattamento in termini compatibili agli scopi per i quali i dati sono raccolti; o ancora conservati per fini esclusivamente personali e non destinati ad una comunicazione sistematica o alla diffusione; oppure, infine, conservati o ceduti ad altro titolare, per scopi storici, statistici o scientifici, in conformita' alla legge, ai regolamenti, alla normativa comunitaria e ai codici di deontologia e di buona condotta sottoscritti ai sensi dell'articolo 12.

Benche' la rubrica dell'articolo in esame sia limitata alla cessazione del trattamento dei dati il 2° comma prescrive una sanzione generale per i casi di cessione illecita dei dati, indipendentemente dal fatto che essa violi le norme in tema di cessazione o, invece, altre disposizioni di legge in materia di trattamento dei dati.

Lascia perplessi il fatto che l'articolo in esame non abbia riprodotto ne' fatto riferimento all'obbligo di notifica preventiva al Garante (in caso di cessazione dell'attivita' di trattamento) contenuto invece nel 1° comma dell'art. 16 della legge 675/96. Forse tale omissione si giustifica in quanto il suddetto obbligo puo' essere considerato implicito nella previsione del compito del Garante di cui all'art. 154 del T.U. lett. a) laddove parla di controllo sul fatto che *i trattamenti siano effettuati nel rispetto della disciplina applicabile ed in conformita' alla notificazione, anche in caso di loro cessazione.* Ritengo, pero', che una previsione esplicita sarebbe stata sicuramente piu' chiara senza pericolo di inutili ridondanze.

23

Infine l'art. 17 del Codice nel disciplinare il trattamento di dati diversi da quelli sensibili e giudiziari che presenta rischi specifici, riprende l'art. 24-bis della legge 675/96 riproducendo sostanzialmente entrambi i commi.

L'art. 24-bis venne introdotto dall'art. 9 del d.lgs. n. 467/2001 e la relativa previsione si ispira (devo dire molto liberamente) all'art. 20 della Direttiva 95/46/CE il quale prevede che *"gli Stati membri precisano i trattamenti che potenzialmente presentano rischi specifici per i diritti e le liberta' delle persone e provvedono a che tali trattamenti siano esaminati prima della loro messa in opera"*.

Nello specifico l'art. 17 sancisce che il trattamento dei dati diversi da quelli sensibili e giudiziari che presenta rischi specifici per i diritti e le liberta' fondamentali, nonche' per la dignita' dell'interessato, in relazione alla natura dei dati o alle modalita' del trattamento o agli effetti che puo' determinare, e' ammesso nel rispetto di misure ed accorgimenti a garanzia dell'interessato, ove prescritti. Ovviamente come precisato al 2° comma tale prescrizione non puo' che derivare dal Garante in applicazione dei principi sanciti dal Codice.

Capitolo III

Regole specifiche per i soggetti pubblici.

Al trattamento dei dati personali effettuato dai soggetti pubblici continua ad applicarsi una disciplina in parte differenziata rispetto a quella cui sono sottoposti i soggetti privati e gli enti pubblici economici.

Sulla base di alcuni principi generali fissati dal Codice per tutti i trattamenti effettuati da soggetti pubblici e privati, le amministrazioni pubbliche sono legittimate a trattare dati personali comuni, sensibili o giudiziari soltanto per svolgere funzioni istituzionali, rispettando gli eventuali altri presupposti e limiti stabiliti da disposizioni normative estranee al Codice ed astenendosi dall'acquisire il consenso degli interessati, specie per rendere lecito un trattamento altrimenti non ammesso.

Il Codice al capo II del Titolo III prevede alcune regole specifiche per gli enti pubblici a cominciare dall'art. 18 che al 2° ed al 3° comma riprende i principi contenuti nel 1° comma dell'art. 27 della legge 675/96, mentre riguardo la comunicazione e diffusione dei dati personali da e a soggetti pubblici fa rinvio all'art. 25 del T.U. (5° comma). Il 4° comma si limita a precisare che al di fuori di quanto stabilito nella parte II in ambito sanitario, i soggetti pubblici non devono richiedere il consenso dell'interessato.

L'analisi delle disposizioni normative di carattere sovranazionale e comunitario relative al trattamento dei dati personali da parte di soggetti pubblici deve necessariamente prendere le mosse dall'art. 8 della Convenzione per la salvaguardia dei diritti dell'uomo e delle liberta' fondamentali firmata a Roma il 4 novembre 1950 e ratificata con legge 4 agosto 1955, n. 848. Tale norma prevede espressamente al comma 2 che non possa aversi interferenza di una autorita' pubblica nell'esercizio del diritto di ogni persona al rispetto della propria vita privata, a meno che questa ingerenza sia prevista dalla legge e costituisca una misura necessaria per la sicurezza nazionale, per la sicurezza pubblica, per il benessere economico del paese, per la difesa dell'ordine e per la prevenzione dei reati, per la protezione della salute o della morale, o per la protezione dei diritti e delle liberta' degli altri.

Questi principi sono stati integralmente recepiti dalla Convenzione di Strasburgo che pero' non prevede alcun regime particolare in relazione alla elaborazione dei dati personali da parte della pubblica autorita'.

Anche la Direttiva n. 95/46/CE non prevede un generale regime "ad hoc" in relazione al trattamento dei dati da parte della pubblica autorita'. In realta' le disposizioni della Direttiva risultano integralmente e direttamente applicabili al trattamento dei dati effettuato dalle autorita' pubbliche, con le sole eccezioni espressamente stabilite nella stessa Direttiva, prima fra tutte quella costituita dalla facolta' per gli Stati membri di escludere l'applicazione delle disposizioni della Direttiva ai soli trattamenti in ambito pubblico necessari alla salvaguardia di particolari interessi qualificati quali le attivita' attinenti alla pubblica sicurezza, alla difesa, alla sicurezza dello Stato o alle attivita' dello Stato in materia penale (art. 13).

La norma in esame specie nella parte in cui consente il trattamento dei dati personali da parte dei soggetti pubblici soltanto per lo svolgimento di funzioni istituzionali (2° comma) e nei presupposti e limiti stabiliti dal codice, dalla legge e dai regolamenti (3° comma), invita ad alcune riflessioni.

Difatti, tenuto conto di cio' che si intende per "trattamento" (qualunque operazione o complesso di operazioni, effettuati anche senza l'ausilio di strumenti elettronici, concernenti la raccolta, la registrazione, l'organizzazione, la conservazione, la consultazione, l'elaborazione, la modificazione, la selezione, l'estrazione, il raffronto, l'utilizzo, l'interconnessione, il blocco, la comunicazione, la diffusione, la cancellazione e la distruzione di dati, anche se non registrati in una banca di dati) ne consegue che, avendo l'art. 15, comma 2, della legge n. 59/1997 attribuito validita' e rilevanza giuridica agli "atti, dati e documenti formati dalla Pubblica Amministrazione e dai privati con strumenti informatici o telematici...", lo svolgimento di attivita' giuridicamente rilevanti, da parte della P.A., comporta l'applicazione della disposizione di cui sopra anche in tema di formazione, conservazione e trasmissione dei documenti informatici e, quindi, di trattamento dei dati personali in essi contenuti.

Ne dovrebbe discendere, come corollario, che le modalita' di trattamento dei dati, ovverosia con, o senza, l'ausilio di mezzi elettronici, da parte della P.A., sono indifferenti ai fini dell'individuazione degli obblighi imposti e delle facolta' riconosciute dal legislatore alla medesima P.A. qualora il trattamento in parola sia finalizzato allo svolgimento delle funzioni istituzionali e questo avvenga, ovviamente, nei limiti stabiliti dalla legge e dai regolamenti.

E' indubbio comunque che nella disposizione in esame il legislatore ha finalizzato il trattamento dei dati al principio di competenza, operando una scelta che sottolinea il carattere strumentale ed autonomo del trattamento dei dati rispetto allo svolgimento di funzioni di interesse pubblico.

L'ambito di applicazione di quest'art. 18 e la sua reale portata sono stati chiariti dal Garante (ovviamente con riferimento all'allora art. 27 della legge 675/96) con taluni provvedimenti come il parere reso il 13 febbraio 1998 su richiesta del Consiglio Nazionale dell'Economia e del Lavoro dove ha precisato che la prima condizione per l'applicabilita' del regime speciale previsto dalla norma e' che il trattamento sia svolto da un soggetto pubblico, oppure il parere del 13 novembre 1997 (reso su richiesta dell'Azienda di Stato per gli interventi nel mercato agricolo) dove il Garante ha individuato con esattezza il contenuto della disciplina di cui all'art. in esame.

Particolarmente rilevante e' l'art. 19 del Codice che prevede principi applicabili al trattamento dei dati diversi da quelli sensibili e giudiziari. Tale disposizione si ispira anch'essa all'art. 27 della legge 675/96 ma a differenza di quest'ultimo articolo parla esplicitamente di "dati diversi da quelli sensibili e giudiziari". Al 1° comma, quindi, riprendendo il principio gia' enunciato all'art. 18 2° comma, aggiunge che il trattamento di tali dati e' consentito anche in mancanza di una norma di legge o regolamento che lo preveda espressamente, spingendosi piu' in la' di quanto prevedeva la legislazione precedente.

Il 2° ed il 3° comma di quest'art. 19, invece, disciplinano le fattispecie di comunicazioni di dati da parte di un soggetto pubblico ad altro soggetto pubblico e da parte di un soggetto pubblico a privati o enti pubblici economici riproducendo rispettivamente il 2° ed il 3° comma dell'art. 27 della legge 675/96.

In particolare la comunicazione da parte di un soggetto pubblico ad altri soggetti pubblici e' ammessa quando e' prevista da una norma di legge o di regolamento. In mancanza di tale norma la comunicazione e' ammessa quando e' comunque necessaria per lo svolgimento di funzioni istituzionali e puo' essere iniziata se e' decorso il termine di cui all'articolo 39, comma 2, (45 giorni dal ricevimento della comunicazione) e non e' stata adottata la diversa determinazione ivi indicata.

Inoltre la comunicazione da parte di un soggetto pubblico a privati o a enti pubblici economici e la diffusione da parte di un soggetto pubblico sono ammesse unicamente quando sono previste da una norma di legge o di regolamento.

Queste disposizioni hanno fatto sollevare in dottrina (ma si sono verificati anche casi concreti) il problema dell'interconnessione delle banche di dati pubblici con anche il rischio di perdita e distruzione dei dati stessi.

Difatti questo problema assume una specifica connotazione per quanto concerne la comunicazione e la diffusione dei dati fra soggetti pubblici e fra questi e i soggetti privati, tenuto conto che la Rete Unitaria della P.A. (la cui piena funzionalita' e' ancora lontana) ha per suo precipuo scopo e obiettivo finale proprio la condivisione, attraverso lo scambio, dei dati posseduti dalla P.A..

Per quanto concerne il primo profilo, rientrante nel secondo comma dell'art. 19, per lo scambio di dati fra soggetti pubblici, che dovra' essere enormemente facilitato dall'entrata a regime della Rete Unitaria, non si dovrebbero verificare problemi di particolare criticita', in quanto la Rete si configura come una rete interna virtuale, che collega tra loro le reti delle singole Amministrazioni e che sara' rigorosamente preclusa - almeno per quanto concerne lo stato attuale delle conoscenze tecnologiche - all'accesso indesiderato dei terzi estranei alla P.A. Il problema e' che la RUPA stenta a decollare ed allo stato attuale sono solo 35 le amministrazioni pubbliche e gli enti attualmente collegati. Per non parlare, poi, delle effettive funzionalita', difatti, la percentuale di servizi offerti on line e' solo del 5%.

Ancora piu' delicato si presenta il secondo profilo, quello, cioe', della comunicazione e della diffusione dei dati da parte di soggetti pubblici a privati (comma 3 dell'articolo 19): ulteriore obiettivo, questo, ormai, non solo della RUPA, ma dell'intero progetto di e-government o per meglio dire del piano di azione varato dal Consiglio dei Ministri il 22 giugno 2000 su iniziativa del Ministro della Funzione Pubblica, Franco Bassanini.

Tale piano, difatti, ha come suo obiettivo fondamentale quello di garantire ai cittadini l'accesso on-line a tutti i servizi erogati dalle pubbliche amministrazioni nell'ottica di quella che dovrebbe essere la nuova frontiera di Internet.

E' evidente che l'apertura degli apparati nei confronti di soggetti privati che, per definizione, non operano per lo svolgimento di una funzione istituzionale, anche se, talora, vi cooperano come condizione necessaria di svolgimento da parte delle Pubbliche Amministrazioni aumenta, di certo, il rischio di distruzione, perdita o, comunque, di trattamento dei dati che costituiscono oggetto di comunicazione o diffusione.

Cio' nondimeno, deve ritenersi che l'esercizio di un diritto, costituzionalmente garantito (art. 3, comma 2, della Costituzione), da parte del cittadino, da attuarsi anche mediante l'accesso controllato a determinate informazioni circolanti su e attraverso la

Rete Unitaria o qualsiasi altra Rete pubblica, non puo' essere vanificato dall'esigenza che venga assicurata la riservatezza dei suoi dati; ne' cio' puo' impedire, o pregiudicare, il diritto, prima ancora del dovere, all'efficienza, efficacia dell'attivita' svolta dalla Pubblica Amministrazione, fatta salva l'adozione, da parte di quest'ultima, di piu' rigorose misure di sicurezza, da attuarsi anche con il ricorso a meticolose verifiche periodiche sia delle procedure informatiche che della completezza e dell'esattezza dei dati trattati, nonche' con il rigoroso contenimento dei trattamenti nei limiti normativamente previsti, in modo, cioe', non eccedente rispetto agli obblighi e ai compiti attribuiti alla Pubblica Amministrazione medesima.

Si tratta, per come e' evidente, di un contesto normativo alquanto rigido, la cui attuazione, se realizzata con una interpretazione ancorata al dato letterale, puo' procurare serio intralcio al complesso dei servizi che potranno essere resi dalla P.A. e dai privati mediante l'uso massiccio delle nuove tecnologie dell'informazione: e' questa una sfida di civilta' che viene lanciata all'attuale ordinamento dall'uso diffuso delle moderne tecnologie, che del resto costituisce il presupposto fondamentale per avviare quel grande processo di innovazione tecnologica che sta coinvolgendo tutto il sistema pubblico italiano al fine di metterlo cosi' sullo stesso piano rispetto a quello di altri paesi piu' progrediti nelle nuove tecnologie della comunicazione, (si pensi, ad esempio, al nuovo sistema pubblico di connettivita', inteso dal Ministro per l'Innovazione e le tecnologie come la naturale evoluzione della Rete Unitaria, che collega le Pubbliche Amministrazioni Centrali alle quali potranno ricongiungersi le P.A. Locali).

In questa ottica l'interconnessione delle banche di dati pubblici puo' addirittura favorire la tutela del cittadino poiche' assicura meglio il cd. principio della pertinenza in quanto e' possibile raccogliere all'occorrenza il dato che serve e non creare inutilmente basi di dati in piu' Amministrazioni.

Problemi peculiari continua a porre il trattamento dei dati sensibili (attinenti a profili particolarmente delicati della sfera privata delle

30

persone: la salute, le abitudini sessuali, le convinzioni religiose, politiche, sindacali e filosofiche, l'origine razziale ed etnica) o giudiziari.

La legislazione previgente aveva introdotto gia' particolari garanzie per entrambe le categorie di informazioni, garanzie che sono rimaste sostanzialmente inattuate o eluse in numerosi uffici pubblici a causa della perdurante inerzia delle amministrazioni nell'adeguare i propri ordinamenti alla normativa in materia di riservatezza, malgrado le reiterate proroghe di termini e alcune disposizioni di favore rispetto al settore privato.

Il Codice rafforza ulteriormente le garanzie per i cittadini; inoltre, ridefinisce la categoria dei dati giudiziari, anche alla luce della nuova disciplina in materia di casellario giudiziario (D.P.R. 14 novembre 2002, n. 313), includendovi le informazioni relative alla qualita' di indagato o di imputato, secondo le nozioni che ne danno, rispettivamente, gli artt. 60 e 61 c.p.p.[9]

In particolare, viene rafforzato e sviluppato il principio di proporzionalita' nel trattamento di queste informazioni, ritenendosi legittimo il trattamento dei soli dati sensibili e giudiziari "indispensabili" allo svolgimento di attivita' che non potrebbero essere adempiute mediante il ricorso a dati anonimi o a dati personali di diversa natura (art. 22 d.lgs. n. 196/2003).

Con questo limite, resta ferma la possibilita' per i soggetti pubblici di trattare i dati sensibili o giudiziari quando cio' sia previsto da una norma di legge (oppure, se si tratta di dati giudiziari, da un provvedimento del Garante) che specifichi espressamente le rilevanti finalita' di interesse pubblico perseguite, i dati personali che possono essere utilizzati e le operazioni di trattamento eseguibili (v. anche art. 27 d.lgs. n. 196/2003).

Per quanto riguarda i dati sensibili, nel caso in cui la legge (o, in via transitoria, il Garante) specifichi soltanto le finalita' di rilevante interesse pubblico, il Codice conferma l'adeguata soluzione secondo cui l'atto con il quale le amministrazioni devono

---

[9] AA.VV., *Codice in materia di protezione dei dati personali- commento articolo per articolo al testo unico sulla privacy*, a cura di G. Cassano – S. Fadda, Milano, 2004.

individuare e rendere pubblici i tipi di dati utilizzabili e le operazioni eseguibili deve avere natura regolamentare e non gia' meramente amministrativa (artt. 20 s. d.lgs. n. 196/2003).

Secondo la nuova disciplina, i regolamenti devono essere inoltre adottati in conformita' al parere reso dal Garante, che puo' essere formulato anche su schemi-tipo al fine di rendere piu' agevole e rapida l'adozione di tali atti. Qualora gli schemi regolamentari predisposti dalle amministrazioni corrispondano ai modelli su cui il Garante ha reso un parere conforme, non sara' quindi necessario sottoporli caso per caso allo specifico esame da parte dell'Autorita'.

Al fine di consentire un efficace adeguamento al sistema di garanzie delineato dal Codice, per i trattamenti iniziati prima della sua entrata in vigore e' stato anche fissato un termine improrogabile (non proprio perche' gia' e' stato prorogato al 31 dicembre 2005) entro il quale i soggetti pubblici formalmente o sostanzialmente inadempienti (alcuni atti gia' adottati, a volte anche senza il parere del Garante, non recano alcuna effettiva disciplina o ricognizione della materia) dovranno emanare il regolamento.[10]

Al riguardo, va anche ricordato che l'Autorita', nel parere del 4 settembre 2003 sullo schema di regolamento predisposto dal Ministero degli affari esteri, ha sottolineato come varie finalita' di rilevante interesse pubblico che possono giustificare il trattamento di dati sensibili e giudiziari, sono espressamente individuate dalla legge (ora, dal Codice). E' peraltro insufficiente l'indicazione solo di alcune macro-tipologie di dati, corredata da descrizioni del loro impiego, dovendosi piuttosto specificare i tipi di dati concretamente utilizzati e le operazioni su di essi effettuate.

L'art. 20 del Codice nel dettare i principi applicabili al trattamento dei dati sensibili da parte dei soggetti pubblici riprende, in effetti, i principi gia' enunciati al comma 3 e comma 3-bis dell'art. 22 della legge 675/96.

---

[10] AA.VV., *Codice in materia di protezione dei dati personali ... op. cit.*

La necessita' di tutelare il "nocciolo duro" della riservatezza e' stata costante fin dalle prime normative nazionali ed e' stata recepita dalla Convenzione del Consiglio d'Europa all'art. 6. La Direttiva 95/46/CE all'art. 8 disciplina in dettaglio i "trattamenti riguardanti categorie particolari di dati". Esso affronta tre aspetti: i dati che rivelano origini razziali ed etniche, opinioni politiche, religiose e filosofiche, l'appartenenza sindacale, lo stato di salute e la vita sessuale; i dati che riguardano, piu' specificamente, lo stato di salute; i dati sulle infrazioni e condanne penali.

Come gia' evidenziato uno dei problemi di maggiore rilevanza legati all'applicazione della normativa sulla privacy nel campo della Pubblica Amministrazione e' sicuramente rappresentato dalla gestione illegittima della grande maggioranza dei dati sensibili da parte degli Uffici Pubblici. In realta' tutte le Amministrazioni avrebbero dovuto gia' da tempo emanare dei provvedimenti dai quali risultassero la tipologia dei dati sensibili trattati e l'uso specifico.

Il problema sta diventando particolarmente delicato, anche per le evidenti conseguenze in campo telematico, specialmente adesso che con l'emanazione della direttiva per la conoscenza e l'uso del dominio internet ".gov.it" e l'efficace interazione del portale nazionale "italia.gov.it" con le pubbliche amministrazioni e le loro diramazioni territoriali, la presenza della P.A. in Rete, nella prospettiva di una revisione di tutti i siti Internet degli organi pubblici allo scopo di renderli piu' vicini ai cittadini, principalmente avuto riferimento all'interattivita', sta diventando una realta' tangibile. E le recenti notizie non sono confortanti, visto che il Garante per la protezione dei dati personali, nell'effettuare un'indagine a campione su determinati siti web, al fine di elaborare il codice di deontologia e di buona condotta riguardante il trattamento dei dati personali effettuato nell'ambito dei servizi di comunicazione e informazione offerti per via telematica e in particolare nella rete *web*, ha accertato che piu' del 90% dei siti esaminati non rispettano le prescrizioni della legge sulla privacy.

33

Nonostante, quindi, le ripetute raccomandazioni del Garante (l'ultima risale al 17 gennaio 2002, ai sensi dell'art. 31, comma 1, lett. *m*), della legge n. 675/1996), come era logico prevedere, gli Uffici pubblici sono in difficolta', specie avuto riferimento ai dati sensibili. Il problema e' divenuto particolarmente serio, anche perche' la complessita' della normativa, continuamente integrata e modificata nel corso degli anni, ha creato difficolta' interpretative anche al Garante ed alla Presidenza del Consiglio, che, riguardo la natura giuridica dei provvedimenti da porre in essere per la corretta applicazione della legge sulla privacy, hanno discusso sull'opportunita' di emanare un regolamento (secondo l'Autorita') o un atto amministrativo (secondo la Presidenza del Consiglio), ed alla fine, come si e' visto, ha prevalso la linea del Garante (v. il 2° comma dell'art. 20).

I dati sensibili come e' noto sono quei dati che hanno una particolare capacita' di incidere sulla riservatezza dei singoli individui e di determinare discriminazioni sociali particolarmente odiose (si tratta, in particolare, di quei dati che sono idonei a rivelare l'origine razziale ed etnica, le convinzioni religiose, filosofiche o di altro genere, le opinioni politiche, l'adesione a partiti, sindacati, associazioni od organizzazioni a carattere religioso, filosofico, politico o sindacale, lo stato di salute e la vita sessuale di una persona).

Il Garante per i dati personali, ha sempre dedicato particolare attenzione ai dati sensibili, e sin dall'inizio ha adottato, in merito agli stessi, sei "Autorizzazioni generali" emanate in prima applicazione nel novembre e nel dicembre 1997 e reiterate alla scadenza sempre con scadenza annuale (di recente sono state rinnovate alla luce del nuovo Codice).

Le autorizzazioni toccano i seguenti settori:

1.trattamento di dati sensibili nei rapporti di lavoro;

2.trattamento dei dati idonei a rivelare lo stato di salute e la vita sessuale;

3.trattamento dei dati sensibili da parte degli organismi di tipo associativo e delle fondazioni;

4.trattamento dei dati sensibili da parte dei liberi professionisti;

5.trattamento dei dati sensibili da parte di "diverse categorie di titolari";

6.trattamento di alcuni dati sensibili da parte degli investigatori privati.

L'art. 21 del Codice ripete al 1° comma con esplicito riferimento ai dati giudiziari lo stesso principio contenuto nell'art. 20, 1° comma (relativo ai dati sensibili). Lo stesso 2° comma rinvia all'art. 20 commi 2 e 4. Appare, quindi, evidente la volonta' del legislatore di dedicare un articolo specifico ai dati giudiziari seppur molti principi siano analoghi ai dati sensibili.

Del resto anche la Convenzione europea n. 108/81, all'art. 6, individuava tra le categorie speciali di dati quella riguardante i dati personali relativi a condanne penali, stabilendo che gli stessi non potessero essere elaborati automaticamente, a meno che il diritto interno prevedesse delle garanzie appropriate. La suddetta indicazione e' stata riproposta nella Direttiva 95/46/CE all'art. 8, comma 5 la quale dispone che "*i trattamenti riguardanti i dati relativi alle infrazioni, alle condanne penali o alle misure di sicurezza possono essere effettuati solo sotto controllo dell'autorita' pubblica, o se vengono fornite opportune garanzie specifiche, sulla base del diritto nazionale, fatte salve le deroghe che possono essere fissate dallo Stato membro in base ad una disposizione nazionale che preveda garanzie appropriate e specifiche. Tuttavia un registro completo delle condanne penali puo' essere tenuto solo sotto il controllo dell'autorita' pubblica. Gli Stati membri possono prevedere che i trattamenti di dati riguardanti sanzioni amministrative o procedimenti civili siano ugualmente effettuati sotto controllo dell'autorita' pubblica*".

La stessa legge 675/96 all'art. 24 dedicava una norma specifica anche se con riferimento esplicito ai dati personali idonei a rivelare provvedimenti di cui all'art. 686, commi 1, lettere a) e d), 2 e 3 del cod. proc. pen.

L'art. 22 del Codice detta in maniera piu' particolareggiata la disciplina applicabile al trattamento dei dati sensibili e giudiziari (questa volta considerati insieme). La norma trae ispirazione in tutti i suoi 12 commi dal d.lgs. n. 135/99 (ad eccezione del comma 8 che vietando la diffusione dei dati idonei a rivelare lo stato di salute, riprende l'art. 23, comma 4 della legge 675/96), in particolare dagli artt. 2, 3 e 4.

In effetti considerato che l'operativita' del "vecchio" art. 22 della legge 675/96 nella sua versione originaria era subordinata alla presenza di una normativa specifica che in realta' all'epoca non esisteva, e' stato, in seguito, emanato il d.lgs. n. 135 del 1999, che oltre a concedere piu' tempo agli uffici pubblici, si e' assunto anche il compito di indicare in quali settori ed a quali condizioni potevano essere trattati i dati sensibili sempre a condizione di specificare i tipi di dati oggetto di trattamento, le operazioni eseguibili, e le rilevanti finalita' di interesse pubblico perseguite. Obiettivo, questo, rispettato con gli articoli da 6 a 23 del decreto citato. Con una prima ricognizione poi completata cono successivi decreti (come il d.lgs. n. 281 del 30/07/99, il d.lgs. n. 282 del 30/07/99 e il d.lgs. n. 467 del 28/12/2001), il Governo, in realta', ha concesso il via libera agli uffici pubblici per i dati sensibili utilizzati, per esempio, a fini statistici o di rapporti di lavoro o ancora elettorali, fiscali, di immigrazione. Fermo restando la possibilita' per i soggetti pubblici di richiedere al Garante, in attesa di piu' specifici provvedimenti normativi, l'individuazione di attivita', tra quelle demandate agli stessi soggetti pubblici dalla legge, che perseguono rilevanti finalita' di interesse pubblico e per le quali e' conseguentemente autorizzato, il trattamento dei dati sensibili.

Il problema e' che secondo quanto sottolineato dal Garante nella relazione del 2001, *"anche nell'anno 2001, gli atti adottati in tal senso dalle amministrazioni sono risultati, purtroppo, in numero assolutamente esiguo e non privi di gravi difetti, lacune ed errori, tanto da giustificare la considerazione che varie disposizioni del d.lgs. n. 135/1999 sono rimaste sostanzialmente inapplicate e che diversi trattamenti di dati personali effettuati in ambito pubblico sono proseguiti in modo illecito, dal punto di vista formale e sostanziale"* e purtroppo la situazione non e' cambiata affatto per il 2002.

36

Nell'ultima raccomandazione del 17 gennaio 2002 il Garante ha cercato di sgomberare il campo da possibili equivoci segnalando al Governo la necessita' di conformare alle disposizioni vigenti il trattamento di tali dati da parte dei soggetti pubblici e fornendo alle amministrazioni interessate specifiche indicazioni sulle attivita' che debbono essere prontamente intraprese a tale scopo.

In particolare, secondo il Garante, l'individuazione dei tipi di dati sensibili e giudiziari e delle operazioni di trattamento, che diversi soggetti pubblici non hanno definito nelle forme previste dai rispettivi ordinamenti, non rappresenta un mero adempimento formale di ricognizione di prassi esistenti. Trattasi, invece, di un provvedimento che deve attuare con effetti innovativi i principi vincolanti affermati in proposito dal d.lgs. n. 135/1999 (artt. 2-4), al fine di ridefinire su basi piu' rispettose dei diritti della personalita' una serie di trattamenti legati alle finalita' di rilevante interesse pubblico enumerate dal decreto legislativo.

Lo stesso Garante nella raccomandazione in esame suggerisce la struttura del provvedimento, avuto riferimento alle operazioni di trattamento dei dati sensibili. Si potrebbe, quindi, operare la seguente suddivisione:

a) indicando un primo gruppo di operazioni *standard*, che puo' essere comune a piu' tipologie di dati, ma che deve comunque rispondere al principio di stretta necessita' (raccolta, conservazione, cancellazione, ecc.);

b) ponendo altresi' in maggiore evidenza le operazioni che possono spiegare effetti piu' significativi per l'interessato (es., elaborazione, selezione, raffronto);

c) aggiungendo una descrizione sintetica dei flussi di dati (specificando ad es. dove sono raccolti di regola i dati, le eventuali interconnessioni o consultazioni da parte di altre amministrazioni, ecc.).

Un altro grande settore dove assume una particolare rilevanza la tutela dei diritti della personalita' rispetto alla P.A. e' senz'altro rappresentato dalle banche dati. In effetti, la materia della costituzione di grandi banche dati pubbliche ha registrato di recente un forte sviluppo. Il ricorso ad archivi di grandi dimensioni continua a presentare vantaggi sul piano dell'efficienza dell'attivita' amministrativa, per l'elevato numero di informazioni che vi sono detenute e per le piu' agevoli interconnessioni che possono operarsi. Per altro verso, tale tendenza alimenta elementi di preoccupazione per i cittadini e induce l'Autorita' Garante a rivolgere una particolare attenzione al fenomeno, per valutare l'incidenza degli effetti delle nuove tecnologie sui diritti fondamentali della personalita'.

Tale problematica si pone in maniera evidente riguardo alle banche dati che possono essere disponibili anche in rete (e con l'avvento di Internet questa e' ormai una realta' concreta). La loro esistenza, infatti, sottintende l'accesso ai dati personali ed il loro trattamento per varie finalita', il che puo' comportare, senza una disciplina ad hoc dell'intera materia, gravi lesioni del diritto alla privacy.

La odierna qualificazione della societa' contemporanea come societa' dell'informazione individua, con assoluta precisione, la tendenza ad identificare ciascun individuo in quell'insieme di informazioni (quindi di dati personali) che lo distinguono rispetto a tutti gli altri consociati. Se queste sono le prospettive future della vita sociale, e' indispensabile che il mondo giuridico fornisca ad ogni soggetto gli strumenti sufficientemente raffinati e flessibili per consentirgli un'adeguata tutela ed una completa garanzia.

Proprio per questo motivo la privacy, come categoria giuridica, si caratterizza, nella futuribile societa' tecnologica, come quello strumento fondamentale che garantisce una protezione della persona veloce e sicura.

Oggi le potenziali aggressioni del diritto all'identita' personale non provengono esclusivamente da atti, fisici o immateriali, che comportano un'invasione della propria sfera privata. L'evoluzione tecnologica, infatti, se da un lato ha reso sempre piu' semplici ed accessibili i meccanismi attraverso i quali la pretesa di solitudine dell'individuo tende ad essere compressa, dall'altro ha offerto forme di protezione e di prevenzione dalle intrusioni indesiderate che consentono di risolvere o quanto meno di attenuare in radice questo fenomeno. Cosicche' diventa essenziale non tanto evitare che altri violino il pur diritto fondamentale di essere lasciati soli, quanto consentire che ogni individuo possa disporre di un agile diritto di controllo rispetto alle tante informazioni di carattere personale che altri possano aver assunto.

Particolarmente interessante e' quanto prescritto dal 5° comma dell'art. 22 del Codice laddove impone agli enti pubblici di verificare periodicamente l'esattezza e l'aggiornamento dei dati sensibili e giudiziari, nonche' la loro pertinenza, completezza, non eccedenza e indispensabilita' rispetto alle finalita' perseguite nei singoli casi, anche con riferimento ai dati che l'interessato fornisce di propria iniziativa.

Gli enti pubblici sono tenuti a valutare in misura approfondita i rapporti fra dati ed adempimenti al fine di assicurare che i dati sensibili e giudiziari siano indispensabili rispetto agli obblighi e ai compiti loro attribuiti.

I dati che, anche a seguito delle verifiche, risultano eccedenti o non pertinenti o non indispensabili non possono essere utilizzati, salvo che per l'eventuale conservazione, a norma di legge, dell'atto o del documento che li contiene. Specifica attenzione e' prestata per la verifica dell'indispensabilita' dei dati sensibili e giudiziari riferiti a soggetti diversi da quelli cui si riferiscono direttamente le prestazioni o gli adempimenti.

Riguardo poi la conservazione dei dati sensibili e giudiziari il 6° comma dell'art. 22 prescrive che essi debbono essere contenuti in elenchi, registri o banche di dati, tenuti con l'ausilio di strumenti elettronici e trattati con tecniche di cifratura o mediante l'utilizzazione di codici identificativi o di altre soluzioni che, considerato il numero e la natura dei dati trattati, li rendono temporaneamente inintelligibili anche a chi e' autorizzato ad accedervi e permettono di identificare gli interessati solo in caso di necessita'.

CAPITOLO IV

IL CONSENSO

Il consenso al trattamento dei dati personali e' disciplinato dall'art. 23 del Codice che riproduce ai primi tre commi l'art. 11 della legge 675/96, mentre il 4° comma relativo ai dati sensibili si ispira all'art. 22, comma 3 della legge 675/96. Tale ultimo comma precisando che il consenso al trattamento dei dati sensibili e giudiziari e' manifestato in forma scritta, come gia' previsto nella norma generale sul trattamento dei dati sensibili (art. 26, comma 1) e' dettato da quella esigenza propria del T.U. di razionalizzare e coordinare al meglio la materia.

In generale, a prescindere da specifiche normative, la tutela accordata dall'ordinamento giuridico alla propria immagine, al proprio nome, alla propria identita', al segreto epistolare e telefonico impone di ritenere, per analogia, vietata la diffusione senza consenso di notizie della vita privata la cui pubblica conoscenza non sia di alcuna utilita' sociale.

Con l'avvento della normativa sulla privacy e' stato sancito che il trattamento di dati personali da parte di privati o di enti pubblici economici e' ammesso solo con il consenso espresso dell'interessato.

Il consenso e' validamente prestato solo se e' espresso liberamente e in forma specifica. E' necessario inoltre che l'interessato o la persona della quale sono raccolti i dati personali sia stata previamente informata per iscritto circa: le finalita' e le modalita' del trattamento dei dati, la natura obbligatoria o facoltativa del conferimento dei dati, le conseguenze di un eventuale rifiuto di rispondere, i soggetti o le categorie di soggetti ai quali i dati possono essere comunicati, il diritto di accesso dell'interessato ed i diritti connessi, le generalita' del titolare ed eventualmente del responsabile.[11]

L'obbligo di informazione non comprende il trattamento di dati personali effettuato da soggetti pubblici per finalita' di difesa o di sicurezza dello Stato, o di prevenzione, accertamento o repressione dei reati in base ad espresse disposizioni di legge che prevedono specificamente il trattamento ovvero da un soggetto pubblico, diverso dagli enti pubblici economici, in base ad espressa disposizione di legge per esclusive finalita' inerenti la politica monetaria e valutaria, il sistema dei pagamenti, il controllo degli intermediari e dei mercati creditizi e finanziari nonche' la tutela della loro stabilita'.

In quest'ottica bisogna riconoscere che la disposizione in esame chiarisce meglio, anche in accoglimento di quanto espressamente richiesto in sede di parere dalla Commissione giustizia del Senato, che il consenso al trattamento dei dati personali deve essere *"espresso liberamente e specificamente in riferimento al trattamento chiaramente individuato,"* e non solo reso "in forma specifica", in linea con quanto richiesto dalla direttiva europea (art. 2, par. 1, lett. h, dir. n. 95/46/CE).

In effetti a livello europeo la Convenzione di Strasburgo del 1981 non prende posizione sul tema del consenso, mentre la Direttiva comunitaria di riferimento n. 95/46/CE inserisce il requisito del consenso tra le ipotesi di legittimita' del trattamento dei dati tassativamente elencate (art. 7).

Sicuramente negli ultimi tempi il requisito del consenso ha assunto un significato particolare in quanto, come gia' si e' avuto modo di sottolineare, con l'avvento delle tecnologie informatiche il *"right to privacy"* ha acquistato un nuovo significato ed una nuova ampiezza, che non poteva avere un secolo fa: questo ora consiste nel diritto, riconosciuto al cittadino, *di esercitare anche un controllo sull'uso dei propri dati personali inseriti in un archivio elettronico.*[12]

---

[11] AA.VV., *Codice in materia di protezione dei dati personali... op. cit.*

[12] V. Frosini, *op. cit.*

Anch'esso fa parte del *"diritto all'informazione"*, in quanto espressione del *diritto di informarsi sul proprio conto e di poter disporre dei dati informatizzati, di cui e' in possesso il gestore di un elaboratore elettronico*; piu' correttamente puo' parlarsi di *"liberta' informatica"* intesa come *una nuova manifestazione del tradizionale diritto alla liberta' personale*; che si aggiunge a quelle del diritto di disporre liberamente del proprio corpo, di esprimere liberamente il proprio pensiero.

Il diritto alla riservatezza, per effetto della nuova dimensione acquisita, non viene, infatti, piu' inteso in un senso puramente negativo, come facolta' di ripulsa delle intromissioni di estranei nella vita privata, o di rifiutare il consenso alla diffusione di informazioni sul proprio conto, di rinuncia alla partecipazione nella vita sociale; ma in senso positivo, come affermazione della liberta' e dignita' della persona, e come potere di limitare il potere informatico, controllandone i mezzi ed i fini di quel potere.

Il consenso apparentemente rappresenta l'espressione piu' compiuta di quella liberta' positiva di controllare i dati riferiti alla propria persona ed usciti dalla propria sfera di riservatezza in cui si sostanzia la liberta' informatica intesa come diritto di autotutela della propria identita' informatica.

Numerosi sono stati gli interventi del Garante in materia di consenso che hanno principalmente cercato di evitare che l'applicazione concreta della normativa trasformi il consenso in un costoso principio decorativo e di facciata. Si pensi ad esempio alla decisione del 13 febbraio 1998 riferita ad una dubbia circolare della Banca Popolare dell'Alto Adige dove il Garante ha ribadito che il consenso si intende validamente prestato quando e' espresso liberamente. Diverse decisioni hanno poi sottolineato anche la genericita' delle informative riguardo sia i soggetti destinatari che le finalita' (decisione del 8 settembre 1997 relativa al caso Autogerma S.p.A. o decisione Calyx Italia S.r.l. del 15 luglio 1997).

Esistono pero' dei casi in cui il trattamento dei dati puo' essere effettuato senza il consenso dell'interessato. Questi casi sono

43

previsti dall'art. 24 del Codice che unifica le previsioni dell'art. 12 e dell'art. 20 della legge 675/96.

L'articolo fa salve le specificita' riconosciute, in alcuni casi, per la comunicazione e, soprattutto, per la diffusione dei dati (lett. c), f) e g)). La disciplina risulta ora piu' chiara, essendo state eliminate alcune duplicazioni ed apportate talune opportune precisazioni.

In particolare in relazione alle lettere a) e b), e' stato meglio specificato, in conformita' a quanto previsto dalla direttiva europea (art. 7, par. 1, lett. c), dir. 95/46/CE), il presupposto di liceita' del trattamento relativo alla sussistenza di un obbligo legale, riferita ora correttamente alla necessita' di adempiere comunque ad un obbligo previsto dalla legge, e non piu' solo al caso di "dati raccolti e detenuti" in base al medesimo obbligo.

Inoltre, in sintonia con il diritto vivente, si e' chiarito che il trattamento e' consentito quando e' comunque necessario per adempiere, prima della conclusione del contratto, a specifiche richieste dell'interessato e non solo per eseguire "misure" precontrattuali su richiesta del medesimo interessato. Quest'ultimo intervento, ripetuto in maniera speculare nell'articolo 43 (gia' 28 della legge n. 675/1996), in relazione al trasferimento di dati all'estero, completa l'allineamento alla direttiva europea delle disposizioni concernenti trattamenti effettuati in relazione a rapporti precontrattuali, gia' avviato con il decreto legislativo n. 467/2001 (art. 7, par. 1, lett. b), dir. 95/46/CE).

Alla lettera e), si e' chiarito che il presupposto di liceita' del trattamento riferito all'esigenza di salvaguardare la vita o l'incolumita' di un terzo e' comunque applicabile anche fuori dei precedenti casi in cui veniva specificato che l'interessato non puo', per incapacita' o altri motivi, prestare il proprio consenso. Inoltre, in relazione al caso in cui la medesima finalita' riguardi la vita o l'incolumita' dell'interessato, la disciplina e' stata allineata a quella vigente in ambito sanitario in relazione al trattamento di dati idonei a rivelare lo stato di salute per finalita' di cura della persona, che in base alle disposizioni previgenti risultava piu' rigorosa rispetto a quella del trattamento di dati comuni o sensibili effettuato da soggetti diversi da quelli sanitari. La disciplina prevede, ora, che anche in questi ultimi casi, se manca il consenso della persona incapace o altrimenti impossibilitata a prestarlo e' necessario acquisire il consenso dei prossimi congiunti o familiari, e si puo' procedere al trattamento dei dati personali dell'interessato solo se sia impossibile acquisire anche il consenso di tali soggetti o vi e' rischio grave ed imminente per la salute della persona, purche' il consenso sia acquisito successivamente (art. 82, comma 2).

La disposizione in esame ha anche soppresso l'ormai inutile riferimento specifico alla comunicazione effettuata nell'ambito di gruppi bancari o fra societa' controllate o collegate, in quanto la disposizione era legata al generalizzato sistema delle notificazioni di trattamenti correlati che il codice ha sostanzialmente eliminato (art. 37 – *Notificazione del trattamento*). La medesima esigenza, peraltro, puo' essere comunque efficacemente soddisfatta in applicazione dell'istituto del bilanciamento degli interessi del titolare con i diritti dell'interessato (art. 24, comma 1, lett. g).

Inoltre e' stato esteso l'esonero dall'obbligo di acquisire il consenso ai trattamenti in ambito "interno" effettuati da organismi "no-profit" anche in relazione a dati comuni, in conformita' a quanto gia' previsto per i dati sensibili, a condizione che le modalita' di utilizzo dei dati siano esplicitate in un'apposita determinazione resa nota agli associati con l'informativa (analoga condizione e' stata inserita per i trattamenti di dati sensibili all'art. 26, comma 4, lett. a)).

La lettera i) reca un miglior coordinamento con la disciplina in materia di trattamenti per scopi storici, statistici o scientifici.

L'art. 25 del Codice riprende quei divieti di comunicazione e diffusione di dati personali gia' previsti nell'art. 21, 1° e 2° comma della legge 675/96. Il 2° comma dello stesso articolo riproduce la stessa eccezione contenuta nel 4° comma dell'art. 21 della legge 675/96 anche se non fa piu' riferimento alle finalita' di ricerca scientifica e statistica ed ai codici di deontologia e buona condotta.

45

La Convenzione di Strasburgo non tratta la questione della comunicazione e diffusione dei dati personali ed anche la Direttiva 95/46/CE non dedica all'argomento un'espressa disciplina. L'attivita' della comunicazione e diffusione viene comunque ricompresa (art. 2, lett. b) nel piu' generale concetto di "trattamento" e dunque soggiace alle medesime regole.

Il Garante e' intervenuto a piu' riprese su talune questioni connesse alla comunicazione e/o diffusione dei dati. Tra le varie decisioni vi e' quella del 16/09/97 dove ha stabilito che i dati personali concernenti le classi stipendiali, le indennita' e gli altri emolumenti corrisposti a dipendenti di concessionari di servizi pubblici sono conoscibili da chiunque vi abbia interesse. Altra decisione rilevante e' quella del 08/01/98 dove il Garante ha rilevato che la normativa sulla privacy non ha innovato la legge 441/82 sulla pubblicita' della situazione patrimoniale di titolari di cariche elettive o direttive.

Interessante anche la decisione del Garante del 3 aprile 2002 dove ha ritenuto infondata l'opposizione al trattamento dei dati da parte di un interessato che lamenti la violazione delle norme che regolano la comunicazione e la diffusione dei dati personali da un soggetto pubblico ad un soggetto privato senza che risulti comprovata l'inosservanza stessa (fattispecie concernente la pretesa erronea applicazione, da parte dell'Ufficio delle entrate, delle norme della legge 241/1990).

Anche la decisione del Garante datata 20 marzo 2002 si inserisce nel ricco "filone" di decisioni relative ai rapporti tra normativa sulla privacy e legge 241/90. In questo caso l'Autorita' rileva che la semplice manifestazione, da parte del titolare del trattamento, dell'intenzione di aderire alla richiesta di accesso, ove non seguita dall'effettiva comunicazione dei dati all'interessato, comporta l'accoglimento del ricorso proposto al Garante.

Riguardo ai dati sensibili ed alle particolari garanzie prescritte dall'art. 26 del Codice esse sono in gran parte analoghe a quelle contenute nel precedente art. 22 della legge 675/96.

In particolare, in merito al trattamento, si segnalano alcuni interventi di razionalizzazione del sistema e per il pieno adeguamento della normativa alla direttiva 95/46/CE.

Anzitutto, conformemente a quanto previsto per i soggetti pubblici, si e' nuovamente ricordato che anche i soggetti privati nel trattare dati sensibili devono altresi' rispettare i presupposti ed i limiti stabiliti dal codice, da disposizioni di legge o di regolamento.

Un importante intervento di razionalizzazione della disciplina, riguarda il trattamento di dati sensibili effettuati da confessioni religiose.

L'art. 8, par. 2, lett. d), della dir. 95/46/CE prevede che i trattamenti effettuati da associazioni o altri organismi senza scopo di lucro operanti in ambito religioso, filosofico, politico o sindacale sono consentiti anche senza il consenso degli interessati, se effettuati in base a "*garanzie adeguate*" e purche' siano utilizzati - all'"interno" degli organismi - i soli dati degli aderenti o delle persone che hanno contatti abituali con gli organismi stessi nell'ambito delle loro finalita' lecite. Il particolare regime si giustifica in ragione del fine perseguito dagli organismi (in ogni caso non di lucro) e del "limite" rappresentato dalla circolazione dei dati solo all'interno degli organismi.[13]

Per quanto riguarda l'ambito religioso, il decreto legislativo n. 135/1999, in materia di trattamento di dati sensibili da parte di soggetti pubblici, ha dato una prima attuazione a tale disciplina in riferimento alle confessioni religiose i cui rapporti con lo Stato sono regolati da accordi o intese (art. 22, comma 1-*bis*, l. n. 675/1996, introdotto dal d. lg. n. 135/1999), "autorizzando" le stesse a trattare i dati in questione anche senza il consenso degli interessati e senza l'obbligo di rispettare l'autorizzazione del Garante, nel rispetto, tuttavia, di idonee garanzie da adottare in relazione ai trattamenti effettuati. Successivamente il decreto legislativo n. 467/2001 ha integrato il medesimo articolo 22 della

---

[13] AA.VV., *Codice in materia di protezione dei dati personali ... op. cit*

legge n. 675/1996 prevedendo che tutti gli organismi senza scopo di lucro, anche a carattere religioso, possono trattare i dati sensibili senza il consenso dell'interessato, ma nel rispetto dell'autorizzazione del Garante. L'art. 26, comma 3, lett. a) del codice completa, ora, l'intervento normativo, armonizzando meglio la disciplina normativa delle confessioni religiose, anche in riferimento alla giurisprudenza costituzionale e alle garanzie di cui le medesime confessioni si dotano nel rispetto dei principi contenuti in un'autorizzazione del Garante. Un'apposita disposizione transitoria (art. 181, comma 6) consente, in ogni caso, alle confessioni religiose che, prima dell'entrata in vigore del codice, abbiano gia' determinato e adottato le garanzie richieste nell'ambito del rispettivo ordinamento, di proseguire le attivita' di trattamento nel rispetto delle medesime.

Per quanto riguarda, invece, i casi in cui il trattamento e' consentito anche senza il consenso dell'interessato, previa autorizzazione del Garante, si evidenzia innanzitutto che la disciplina dei trattamenti effettuati da organismi senza scopo di lucro – analogamente a quanto sopra descritto in relazione al trattamento di dati comuni – e' stata adeguata ad un criterio di maggiore garanzia e trasparenza prevedendo che tali organismi individuino con espressa determinazione le modalita' di utilizzo dei dati, rendendola nota agli interessati all'atto dell'informativa (art. 26, comma 4, lett. a)). Inoltre e' stato apportato un intervento analogo a quello gia' descritto per il trattamento di dati comuni necessario per salvaguardare la vita o l'incolumita' di un terzo o dell'interessato (art, 26, comma 4, lett. b)).

In relazione al diritto di "rango pari" a quello dell'interessato - presupposto di liceita' del trattamento di dati idonei a rivelare lo stato di salute per finalita' di esercizio di un diritto – e' stato precisato, in conformita' alla giurisprudenza e al diritto vivente, che tale diritto e' relativo ad un diritto della personalita' o ad un altro diritto o liberta' fondamentale e inviolabile; tale precisazione normativa ricorre, ovviamente, in ogni altro caso in cui nel codice si fa riferimento ad un diritto di rango pari (artt. 60, 71 e 92) (art. 26, comma 4, lett. c)).

Infine, in attuazione di una specifica disposizione della direttiva europea (art. 8, par. 2, lett. b), dir. 95/46/CE), e' stato introdotto un ulteriore presupposto di liceita' del trattamento in relazione a cio' che e' necessario per adempiere a specifici obblighi previsti dalla normativa, anche comunitaria, in materia di gestione del rapporto di lavoro, nei limiti previsti dall'autorizzazione del Garante e ferme restando le disposizioni del codice di deontologia e di buona condotta (art. 26, comma 4, lett. d).

Infine per i dati giudiziari l'art. 27 del Codice non fa altro che ripetere con riferimento ai privati ed agli enti pubblici economici lo stesso principio gia' enunciato all'art. 21 del T.U. a proposito dei soggetti pubblici.

CAPITOLO V

LE MISURE DI SICUREZZA

Il Codice per la protezione dei dati personali prevede all'art. 33 le c.d. misure minime di sicurezza che consistono in tutta una serie di misure da adottare per garantire la sicurezza minima al trattamento dei dati.

La disposizione in esame prende spunto dall'art. 15 comma 2 della legge 675/96 sancendo l'obbligo per i titolari del trattamento di adottare le misure minime di sicurezza previste dalla normativa. Rispetto al precedente art. 15, la disposizione in argomento individua con precisione il titolare del trattamento come destinatario fondamentale della disciplina della sicurezza. In effetti il responsabile e' solo una figura eventuale, che ripete i propri poteri dal titolare del trattamento, anche se la nomina e' effettuata tra soggetti che forniscano idonea garanzia del pieno rispetto delle disposizioni, ivi compreso il profilo relativo alla sicurezza.

Le misure minime sono elencate nell'art. 34 (per i trattamenti a mezzo elaboratore elettronico) e 35 (per i trattamenti senza elaboratore elettronico) del Codice.

L'art. 34 del Codice non trova specifici precedenti nella pregressa normativa sulla privacy. Esso disciplina ed elenca principalmente le misure minime di sicurezza da adottare nel caso di trattamenti di dati personali effettuati con strumenti elettronici, demandando la determinazione delle modalita' di applicazione alle disposizioni contenute nel Disciplinare tecnico allegato al codice (allegato B). Rispetto alle disposizioni contenute nel D.P.R. 28 luglio 1999, n. 318, emanato in attuazione dell'art. 15 della legge n. 675/1996, il sistema delle misure minime di sicurezza viene semplificato e aggiornato sulla base dell'esperienza applicativa degli ultimi tre anni e dell'evoluzione tecnologica.

Ai fini dell'applicazione delle misure minime richieste, si conferma la distinzione fra trattamenti effettuati con strumenti elettronici e trattamenti "cartacei".

Riguardo i primi disciplinati da tale disposizione, si evidenzia la diversa configurazione della distinzione, presente a determinati effetti nel D.P.R. 318/1999, tra trattamenti effettuati con elaboratori non accessibili da altri elaboratori o terminali e trattamenti con elaboratori "accessibili" in rete, e, tra questi ultimi, dell'ulteriore distinzione tra l'accessibilita' attraverso reti disponibili o non disponibili al pubblico.

Non ha piu' una sua espressa rilevanza formale la figura dell'*amministratore di sistema*, mentre viene confermato l'obbligo di provvedere alla custodia di copie delle parole chiave per l'autenticazione, qualora sia tecnicamente indispensabile per garantire l'accesso ai dati in caso di impedimento di un incaricato.

Per il trattamento con strumenti elettronici si prevede l'obbligo di adottare l'autenticazione informatica dell'utente, anche mediante l'utilizzo di eventuali sistemi biometrici, e adeguate procedure di gestione delle relative credenziali di autenticazione.

Il titolare deve curare l'aggiornamento periodico dell'individuazione dell'ambito del trattamento consentito ai singoli incaricati (deve fornire annualmente istruzioni scritte agli incaricati affinche' l'accesso ai dati sia limitato in funzione dell'attivita' concretamente svolta; dovranno, inoltre, esser fornite istruzioni per la custodia di copie di sicurezza tramite salvataggio dei dati con frequenza almeno settimanale), la protezione degli strumenti elettronici e dei dati rispetto a trattamenti illeciti di dati, ad accessi non consentiti e a determinati programmi informatici, la tenuta di un aggiornato documento programmatico sulla sicurezza e l'adozione di tecniche di cifratura o di codici identificativi per determinati trattamenti di dati idonei a rivelare lo stato di salute o la vita sessuale effettuati da organismi sanitari.

Ricapitolando, quindi, per i trattamenti effettuati con strumenti elettronici, il nuovo codice della privacy richiede che:

- il sistema disponga di un sistema di autenticazione degli utenti. Nel D.P.R. 318/99, come si ricordera', si parlava solo di password, mentre non erano riconosciute valide funzioni di autenticazione piu' robuste, come ad esempio, la firma digitale o le impronte digitali;

- il titolare adotti appropriate procedure, con la caratteristica della periodicita', per mantenere aggiornate le utenze ed i relativi profili di accesso sia per gli utenti normali, sia per quelli che sono addetti alla gestione o manutenzione dei sistemi. C'e' da osservare, sul punto, che i precedenti ruoli di amministratore di sistema e custode delle password non sono citati dal d.lgs. n. 196/2003, ma rientrano nella piu' generale categoria degli addetti alla gestione;

- sia definito un sistema di autorizzazione per abilitare gli utenti all'accesso ai dati e/o ai trattamenti;

- gli strumenti elettronici e i dati siano protetti da accessi non autorizzati da parte di utenti, programmi informatici e da trattamenti illeciti;

- il titolare adotti appropriate procedure per il backup dei dati, il loro recupero, nonche' il ripristino della disponibilita' dei sistemi e dei dati;

- il titolare adotti un documento programmatico sulla sicurezza;

- l'obbligo di adottare tecniche di cifratura per i trattamenti atti a rivelare lo stato di salute o la vita sessuale rilevati da organismi sanitari.

A tal proposito si sottolinea che la *sicurezza* nell'informatica equivale ad attuare tutte le misure e tutte le tecniche necessarie per proteggere l'hardware, il software ed i dati dagli accessi non autorizzati (intenzionali o meno), per garantirne la riservatezza, nonche' eventuali usi illeciti, dalla divulgazione, modifica e distruzione.

Si include, quindi, la sicurezza del cuore del sistema informativo, cioe' il centro elettronico dell'elaboratore stesso, dei programmi, dei dati e degli archivi.

Questi problemi di sicurezza sono stati presenti sin dall'inizio della storia dell'informatica, ma hanno assunto dimensione e complessita' crescenti in relazione alla diffusione e agli sviluppi tecnici piu' recenti dell'elaborazione dati; in particolare per quanto riguarda i *data base, la trasmissione dati e la elaborazione a distanza (informatica distribuita)*.

In particolare non e' da sottovalutare il rischio cui puo' andare incontro il trasferimento elettronico dei fondi tra banche oppure il trasferimento da uno Stato all'altro di intere basi di dati reso possibile dai moderni sistemi di trasmissione telematica.

Riguardo l'aspetto "sicurezza" connesso alla rete telematica essa puo' essere considerata una disciplina mediante la quale ogni organizzazione che possiede un insieme di beni, cerca di proteggerne il valore adottando misure che contrastino il verificarsi di eventi accidentali o intenzionali che possano produrre un danneggiamento parziale o totale dei beni stessi o una violazione dei diritti ad essi associati. Un bene puo' essere un'informazione, un servizio, una risorsa hardware o software e puo' avere diversi modi possibili di interazione con un soggetto (persona o processo). Se, ad esempio, il bene e' un'informazione, ha senso considerare la lettura e la scrittura (intesa anche come modifica e cancellazione); se invece il bene e' un servizio, l'interazione consiste nella fruizione delle funzioni offerte dal servizio stesso.

Naturalmente e' chiaro che in un sistema complesso nel quale interagiscono piu' soggetti, la sicurezza potra' essere garantita solo se:

1. le azioni lecite che ciascun soggetto puo' eseguire interagendo con i beni cui puo' accedere tramite la rete, saranno correttamente individuate e definite;

2. il sistema verra' definito in tutti i suoi aspetti (tecnici, procedurali, organizzativi, ecc.), in modo tale che le possibili

azioni illecite, eventualmente attuate sia da parte di estranei che di utenti della rete, siano contrastate con un'efficacia tanto maggiore quanto piu' elevati sono i danni conseguenti all'azione illecita considerata.[14]

Il soddisfacimento delle due condizioni richiede lo sviluppo di una *politica di sicurezza* nell'ambito della quale:

* venga scelto, con il criterio del minimo danno per un ente, l'insieme delle autorizzazioni che specificano i modi di interazione leciti di ogni soggetto con i beni cui si puo' accedere tramite la rete;

* vengano selezionate, applicando al sistema una metodologia di analisi e gestione dei rischi, le contromisure di tipo tecnico, logico (dette anche funzioni di sicurezza), fisico, procedurale e sul personale che permettano di ridurre a livelli accettabili il rischio residuo globale.

Il primo passo per lo sviluppo di una politica di sicurezza e' la definizione delle autorizzazioni che disciplinano l'uso dei beni.

Tale definizione puo' avvenire attraverso le seguenti fasi:

1. identificazione dei beni;

2. quantificazione del valore dei beni;

3. classificazione dei soggetti dal punto di vista dell'affidabilita';

4. applicazione di predefinite regole di autorizzazione.

L'organizzazione, per decidere quali autorizzazioni concedere ad un prefissato soggetto, dovra' valutare, per ogni bene e per ogni tipo di interazione con esso, quali eventuali danni possano derivare dalla concessione o dalla negazione della corrispondente autorizzazione. L'entita' di tali danni potrebbe essere allora utilizzata per definire i valori del bene relativi al particolare tipo di interazione da parte del soggetto considerato.

L'insieme delle autorizzazioni puo' essere anche definito come l'insieme degli obiettivi di sicurezza per il sistema funzionante in accordo con la politica di sicurezza stessa. Gli obiettivi di sicurezza vengono generalmente definiti come requisiti di *riservatezza*

---

[14] L. Baffigo, *Documento programmatico entro il 31 marzo, Dossier della Guida al Diritto*, n. 8, Milano, 2003.

(prevenzione dell'utilizzo indebito di informazioni riservate), *integrita'* (prevenzione dell'alterazione o manipolazione indebita di informazioni) e *disponibilita'* (prevenzione dell'occultamento o dell'impossibilita' di accesso a dati o risorse necessarie alla conduzione dell'attivita') espressi con riferimento ai beni da proteggere.

Ovviamente, un sistema ideale dal punto di vista della sicurezza non esiste. Un sistema reale puo' pero' essere dotato di contromisure che rendano molto difficile il verificarsi di eventi non compatibili con il rispetto delle autorizzazioni.

La sicurezza puo' essere garantita in diversi modi:

- *tramite mezzi di accesso fisici*. Questi sono consegnati all'utente legittimo ed egli esclusivamente ne viene in possesso e ne e' responsabile. Tali mezzi sono costituiti da documenti di riconoscimento tradizionali, da *chiavi meccaniche* di varia forma e complessita', da *chiavi elettroniche* (c.d. tesserini magnetici di riconoscimento, carte di credito). Ciascuno di questi strumenti puo' essere considerato come una forma di legittimazione e di accesso controllato. Detti mezzi non sono, in genere, usati da soli, salvo che in ambienti poco attenti ai problemi della sicurezza. Infatti contraffazione e duplicazione sono abbastanza praticabili con tecnologie di medio livello, e quel che e' piu' pericoloso, i predetti mezzi di identificazione possono essere sottratti o ceduti a soggetti non autorizzati. Pertanto, il livello di sicurezza viene accresciuto, in alcuni casi, con la combinazione di tali strumenti con quelli di seguito indicati.

- *Tramite mezzi di accesso memorizzati dall'utente legittimo*. Essi consistono in una sequenza di elementi (numerici, alfabetici o simbolici) che vengono forniti segretamente e memorizzati dall'utente legittimo e da questo forniti al sistema al momento in cui si vuole accedere allo stesso.

Tra i principali mezzi di accesso rientranti in questa categoria si ricordano:

56

1. *Il P.I.N.* (Personal Identification Number): si tratta di un numero di identificazione personale che viene attribuito in maniera segreta esclusivamente all'utente legittimo. Molto noto e' quello utilizzato con la carta Bancomat. Tale numero va scritto su un'apposita tastiera numerica al momento in cui si accede al computer.

2. *La Password*, ossia la c.d. "parola chiave": si tratta di una parola, o di una sequenza di lettere e numeri, anche complessa, memorizzata dall'utente legittimo e che deve essere scritta, in genere su una tastiera. Detta combinazione alfanumerica va opportunamente scritta con rapidita' per evitare che malintenzionati riescano a seguire la sequenza dei tasti premuti e a ricavare cosi', la parola chiave.

3. *La combinazione numerica-logica variabile*: in alcuni casi la parola chiave non e' fissa, ma varia dinamicamente con riferimento ad una parte di elementi fissi ed altri variabili. Per esempio, una combinazione dinamica puo' essere rappresentata dalla sommatoria di un certo numero conosciuto dall'utente, addizionato, sottratto, diviso o moltiplicato ad un altro numero che potrebbe variare con riferimento al giorno della settimana, alla data completa, ovvero ad un dato variabile.

- *Tramite mezzi di accesso che confrontano caratteristiche fisiche dell'utente con quelle memorizzate dal sistema* (i cd. sistemi biometrici). Si tratta della ricerca piu' avanzata in tema di sicurezza degli accessi informatici. Alcune caratteristiche fisiche dell'utente autorizzato all'accesso, vengono memorizzate dal computer e confrontate con quelle della persona che accede.

Tra i sistemi biometrici si ricordano:

1. *le impronte digitali e le impronte palmari;*

2. *il riconoscimento della voce* (difettoso in caso di malattie da raffreddamento);

3. *il reticolo venoso della retina dell'occhio;*

57

4. *il controllo dinamico della firma* (con riferimento anche alla sua velocita' di esecuzione).

L'art. 35 del Codice, invece, disciplina ed elenca principalmente le misure minime di sicurezza da adottare nel caso di trattamenti di dati personali effettuati senza l'ausilio di strumenti elettronici, demandando la determinazione delle modalita' di applicazione alle disposizioni contenute nel Disciplinare tecnico allegato al codice (allegato B).

Si tratta naturalmente di casi residuali, considerato che nell'attuale era informatica, nella maggior parte dei casi, esistono dei trattamenti automatizzati. Comunque, i trattamenti cartacei continuano ad essere in uso in molte amministrazioni pubbliche e ad essi vengono dedicate misure molto semplificate, anche al fine di evitare rilevanti aumenti di complessita' del lavoro in contesti in cui sono gia' presenti, di solito, prescrizioni o consuetudini volte ad assicurare la conservazione e la custodia dei documenti.

Particolarmente importante e' l'obbligo della conservazione degli atti in archivi ad accesso selezionato. L'allontanamento degli atti dall'archivio puo' avere luogo solo per le necessita' del trattamento. In tal caso i documenti sono affidati alla custodia dell'addetto al trattamento, che ha l'obbligo di restituirli all'archivio al termine delle operazioni affidategli.[15]

Di conseguenza, per i trattamenti effettuati senza l'ausilio di strumenti elettronici, il d.lgs. n. 196 richiede che:

*   la lista degli incaricati e il compito loro assegnato sia mantenuta aggiornata;

*   siano definite opportune procedure per la custodia dei documenti affidati agli incaricati;

*   siano definite apposite procedure per l'accesso agli archivi.

Ad ogni modo e' opportuno precisare che laddove la limitatezza tecnologica degli strumenti in uso o la loro obsolescenza non consentano di attuare completamente il dettato normativo, si prevede l'obbligo da parte del titolare di descrivere in un

---

[15] L. Baffigo, *op. cit.*

documento a data certa, da custodire presso la propria struttura, gli impedimenti tecnici che hanno reso impossibile o parziale l'immediata applicazione delle misure minime di sicurezza. Viene inoltre introdotto, in relazione alla possibile inadeguatezza di alcuni elaboratori a consentire l'applicazione delle misure minime, un termine di un anno per dare tempo ai titolari di adeguare la propria dotazione tecnologica in modo da consentire l'applicazione delle misure minime di sicurezza (art. 180).

Prima ancora di illustrare piu' dettagliatamente il documento programmatico sulla sicurezza appare opportuno esaminare le misure minime di sicurezza contenute nel piu' volte menzionato disciplinare tecnico (allegato B al d.lgs. n. 196/2003).

Questo documento si articola in 29 punti. Essi vanno dal trattamento con strumenti elettronici al sistema di autenticazione informatica, passando, inoltre, per il sistema di autorizzazione e per altre misure di sicurezza. Le modalita' tecniche, infine, da adottare riguardano il DPS, le ulteriori misure in caso di trattamento di dati sensibili o giudiziari, le misure di tutela e garanzia e il trattamento senza l'ausilio di strumenti elettronici.

L'attuale disciplinare raggruppa le misure minime in base a tre soli scenari:

- trattamenti con strumenti elettronici di dati personali;
- trattamento di dati sensibili o giudiziari;
- trattamenti che non prevedono l'uso di strumenti elettronici.

Il disciplinare precisa, poi, che le modalita' tecniche indicate, sono da adottare a cura del titolare, del responsabile dei trattamenti e degli incaricati.

Nel caso misure minime di sicurezza siano affidate dal titolare a una struttura esterna, questi e' tenuto a fornire per iscritto, una descrizione dell'intervento effettuato che ne attesti la conformita' al disciplinare tecnico.

Inoltre, per tutte le tipologie di trattamento, sono richieste specifiche norme per istruire gli incaricati sugli aspetti critici della sicurezza, con l'intento di considerare il loro comportamento, come parte integrante delle misure di sicurezza.

Da notare, che, appare ridotta la necessita' di adempimenti puramente burocratici in termini di autorizzazioni, verifiche, ecc., mentre e' dato risalto alla presenza di "sistemi", intesi come insieme di strumenti, procedure, modalita', ecc.

Il disciplinare tecnico, innanzitutto, contiene 11 punti relativi al "sistema di autenticazione informatica". Le misure previste in questa parte devono essere sempre applicate secondo quanto prevede il nuovo codice della privacy.

E' obbligatorio, utilizzare, infatti, oltre a una funzione di identificazione, con l'assegnazione di un codice identificativo per ogni incaricato, anche una successiva funzione di autenticazione, basata su credenziali di accesso, che ne confermi l'identita'. Le credenziali, poi, possono essere costituite da una parola chiave o password, caratteristiche biometriche, o altro meccanismo. Per quanto riguarda, invece, il dispositivo utilizzato deve essere univocamente assegnato a ogni incaricato e da questi mantenuto segreto. A tale proposito agli incaricati devono essere impartite le opportune istruzioni perche' possano adottare le cautele necessarie al fine di mantenere riservate le credenziali e/o dispositivi in loro possesso.

Sulla questione, il punto 5 del disciplinare, quando parla di stema di autenticazione informatica, precisa che, se utilizzata la parola chiave, questa deve essere lunga almeno 8 caratteri. Nel caso il sistema di autenticazione non preveda questa lunghezza, deve essere usata la lunghezza massima consentita. E' richiesto anche un meccanismo (*password checker*) per evitare l'utilizzo di password comunque riconducibili all'incaricato.

Per quanto attiene, inoltre, alle password o credenziali di accesso, l'allegato B prevede precise scadenze. Esse posso essere cosi' riassunte:

1. modifica, da parte dell'incaricato, prima del primo utilizzo;
2. modifica, almeno ogni sei mesi, per il trattamento di dati comuni ridotta a tre mesi per il trattamento di dati sensibili o giudiziari;

3. rimane immutata la disattivazione dopo sei mesi di non utilizzo, con esclusione pero' delle utenze dedicate alla manutenzione tecnica dei sistemi.

Senza contare, poi, che il titolare deve individuare precise modalita' per accedere ai sistemi o ai dati, in caso di necessita' anche in assenza dell'incaricato. Resta immutata, infine, la norma che non permette l'assegnazione della *userid* ad altri incaricati, se non piu' utilizzata.

Le regole previste per il sistema di autorizzazione si applicano sempre. Le indicazioni sono chiare: i profili di accesso, da assegnare ad ogni incaricato, devono essere predisposti in anticipo rispetto all'inizio del trattamento e consentire l'accesso solo ai dati necessari per effettuare le specifiche operazioni di trattamento. E' consentita l'assegnazione dei profili d'accesso anche a classi omogenee di incaricati. Deve essere, infine, effettuata una verifica periodica, almeno annuale, della necessita' di mantenere per gli incaricati il relativo profilo di accesso.

Nella parte dell'allegato B del d.lgs. n. 196/2003, dedicata alle altre misure di sicurezza, si forniscono importanti indicazioni in relazione alle modalita' di aggiornamento.

Anche in questo caso i parametri indicati vanno applicati sempre. Viene, infatti, previsto l'aggiornamento, almeno annuale, per ogni trattamenti, della lista di incaricati, degli addetti alla gestione e manutenzione degli strumenti elettronici nel loro complesso. La lista puo' essere redatta anche per classi omogenee di incarico e dei relativi profili di accesso.

Per quanto riguarda l'aggiornamento delle protezioni contro il rischio di intrusione (art. 615-*quinquies* del codice penale) esso continua ad essere semestrale. E' previsto, inoltre, l'aggiornamento annuale per i dati comuni e semestrale per quelli sensibili o giudiziali, delle *patch* di sicurezza per i programmi e i sistemi. Deve essere ritenuto obbligatorio, infine, il salvataggio dei dati a cadenza almeno settimanale, secondo definite istruzioni organizzative e tecniche.[16]

---

[16] L. Baffigo, *op. cit.*

CAPITOLO VI

IL DOCUMENTO PROGRAMMATICO SULLA SICUREZZA.

L'art. 34 del Codice prevede tra le misure minime l'adozione del c.d. Documento Programmatico sulla Sicurezza (DPS). La stesura di un documento sulla sicurezza non e' disposizione nuova, in quanto il precedente D.P.R. 318/1999 faceva pure riferimento all'obbligo di predisporre ed aggiornare, con cadenza annuale, un documento programmatico sulla sicurezza dei dati.

Al fine di disciplinare le misure di sicurezza, il precedente D.P.R. 318/1999 imponeva quest'obbligo a chiunque operasse il trattamento di dati sensibili e giudiziari mediante elaboratori elettronici accessibili in rete pubblica.

Oggi essendo venuta meno la distinzione tra elaboratori in rete accessibili al pubblico, o no, l'obbligo e' previsto per tutti gli elaboratori (sia singolo, che in rete) che trattino dati personali di natura sensibile o giudiziaria.

E' stata sollevata da qualcuno la questione se l'obbligo di stesura di un documento programmatico sulla sicurezza dei dati sussista anche per coloro che trattino con strumenti elettronici solo dati comuni, con esclusione quindi dei dati sensibili e giudiziari.

Sostenere l'obbligatorieta' anche in questo caso, significa andare contro il dato letterale della norma di riferimento, che non va individuata nell'art. 34, ma nel piu' specifico art. 19 dell'allegato B (disciplinare tecnico) del Codice. Questa norma, inserita tra le misure da adottare in caso di trattamento con strumenti elettronici, disciplina la redazione del DPS; esso indica chiaramente che si e' obbligati alla stesura del documento solo in caso di trattamento di dati sensibili o di dati giudiziari.

E' pero' certamente consigliabile la stesura di un DPS anche in caso di trattamento di dati comuni con strumenti elettronici. Detta stesura risponde infatti a quei criteri di misure idonee (non minime) che mettono al riparo il titolare dalle responsabilita' civili ex art. 2050 c.c., e -comunque- risponde all'osservanza di criteri di buona organizzazione aziendale.

Il DPS va redatto ogni 31 marzo (salvo quest'anno, che va compilato entro il 31 dicembre a seguito del Decreto legge n. 158 del 24 giugno 2004) ed ha il compito specifico di indurre a fare, almeno una volta all'anno, il punto sul sistema di sicurezza adottato e da adottare nell'ambito della propria attivita'; tale documento ha una funzione meramente descrittiva, eppure per la sua violazione il Codice prevede sanzioni estremamente severe, che vanno dall'arresto fino a due anni (e conseguente inevitabile sanzione disciplinare prevista dal Codice deontologico) al possibile pagamento di somme da 10.000 a 50.000 euro (art. 169 Codice).

In effetti come si evince facilmente dal tenore dell'allegato B, nel DPS non deve essere riassunto l'intero assetto delle misure minime adottate e delle modalita' specifiche con le quali queste vengono esplicate, ma pare essere sufficiente una ricognizione, seguendo punto per punto il citato art. 19 dell'allegato B.

Il Garante e' intervenuto piu' volte per dare utili indicazioni in merito all'effettiva compilazione del DPS, prima il 13 maggio 2004 con delle prime riflessioni sui criteri di redazione del DPS e poi l'11 giugno 2004 con una vera e propria guida operativa per redigere il Documento programmatico sulla sicurezza.

Diciamo subito che non esiste e non puo' esistere un DPS modello che possa andare bene per tutte le realta' organizzative. Le associazioni professionali, gli enti, gli uffici legali ed anche i singoli si sono cimentati nella redazione di DPS anche particolareggiati validi per intere categorie di aziende o professionisti. Purtroppo nessuno e' dotato, fino a prova contraria, di poteri paranormali per cui non puo' prevedere la struttura organizzativa di un'azienda ne' le sue effettive misure di sicurezza. Di conseguenza anche il modello migliore necessita di quegli adattamenti indispensabili che possano conformare il DPS alla specifica realta' organizzativa. Saranno anche minimi adattamenti ma sono necessari per evitare di trovarsi in situazioni davvero imbarazzanti.

Per non parlare, poi, dei software che stanno girando in questo periodo sulla redazione dei DPS. Questo e' il classico caso di "deriva tecnologica" di cui spesso parla l'Autorita' Garante volendo indicare tutti quei casi in cui diventa davvero inutile se non addirittura svantaggioso ricorrere all'applicazione delle nuove tecnologie.

Sinceramente appare davvero impensabile che un software (tranne casi limite di intelligenza artificiale estremamente sofisticata) possa consentire la corretta redazione di un documento piuttosto complesso come il DPS.

Passando adesso alla parte pratica il DPS deve cercare di seguire punto per punto quanto previsto dall'art. 19 del disciplinare tecnico (allegato B al D.lgs.) e cioe':

1) Elenco dei trattamenti di dati personali (punto 19.1) mediante:

   1.1) individuazione dei dati personali trattati

   1.2) descrizione delle aree, dei locali e degli strumenti con i quali si effettuano i trattamenti

   1.3) l'elaborazione della mappa dei trattamenti effettuati

2) Distribuzione dei compiti e delle responsabilita' nell'ambito delle strutture preposte al trattamento dei dati (punto 19.2)

3) Analisi dei rischi che incombono sui dati (punto 19.3)

4) Misure atte a garantire l'integrita' e la disponibilita' dei dati in essere e da adottare (punto 19.4)

5) Criteri e modalita' di ripristino della disponibilita' dei dati (punto 19.5)

6) Pianificazione degli interventi formativi previsti (punto 19.6)

7) Adozione misure minime di sicurezza in caso di trattamento di dati personali affidati all'esterno (punto 19.7)

8) Procedure per il controllo sullo stato della sicurezza

9) Dichiarazioni d'impegno e firma

Solo eventuale (specialmente per le strutture sanitarie) e' quanto prevista dal punto 19.8 e cioe' la cifratura dei dati o separazione dei dati identificativi.

Elenco dei trattamenti di dati personali (regola 19.1)

Riguardo il primo punto e cioe' l'elenco dei trattamenti dei dati personali si tratta di indicare innanzitutto la tipologia dei dati trattati descrivendo inoltre le aree, i locali e gli strumenti con i quali si effettuano i trattamenti.

In questa sede diventa molto importante descrivere l'organizzazione degli schedari e degli altri supporti cartacei nonche' indicare la presenza di elaboratori in rete oppure non in rete, descrivendone le caratteristiche, e di eventuali impianti di videosorveglianza.

In definitiva quindi per ciascun trattamento vanno indicate le seguenti informazioni:

• Descrizione sintetica: menzionare il trattamento dei dati personali attraverso l'indicazione della finalita' perseguita o dell'attivita' svolta (es., fornitura di beni o servizi, gestione del personale, ecc.) e delle categorie di persone cui i dati si riferiscono (clienti o utenti, dipendenti e/o collaboratori, fornitori, ecc.).

• Natura dei dati trattati: indicare se, tra i dati personali, sono presenti dati sensibili o giudiziari.

• Struttura di riferimento: indicare la struttura (ufficio, funzione, ecc.) all'interno della quale viene effettuato il trattamento. In caso di strutture complesse, e' possibile indicare la macro-struttura (direzione, dipartimento o servizio del personale), oppure gli uffici specifici all'interno della stessa (ufficio contratti, sviluppo risorse, controversie sindacali, amministrazione-contabilita'.).

• Altre strutture che concorrono al trattamento: nel caso in cui un trattamento, per essere completato, comporta l'attivita' di diverse strutture e' opportuno indicare, oltre quella che cura primariamente l'attivita', le altre principali strutture che concorrono al trattamento anche dall'esterno.

• Descrizione degli strumenti elettronici utilizzati: va indicata la tipologia di strumenti elettronici impiegati (elaboratori o p.c. anche portatili, collegati o meno in una rete locale, geografica o Internet; sistemi informativi piu' complessi).

Ulteriori elementi potrebbero essere:

- Identificativo del trattamento: alla descrizione del trattamento, se ritenuto utile, puo' essere associato un codice, facoltativo, per favorire un'identificazione univoca e piu' rapida di ciascun trattamento nella compilazione delle altre tabelle.

- Banca dati: indicare eventualmente la banca dati (ovvero il data base o l'archivio informatico), con le relative applicazioni, in cui sono contenuti i dati. Uno stesso trattamento puo' richiedere l'utilizzo di dati che risiedono in piu' di una banca dati. In tal caso le banche dati potranno essere elencate.

- Luogo di custodia dei supporti di memorizzazione: indicare il luogo in cui risiedono fisicamente i dati, ovvero dove si trovano (in quale sede, centrale o periferica, o presso quale fornitore di servizi, ecc.) gli elaboratori sui cui dischi sono memorizzati i dati, i luoghi di conservazione dei supporti magnetici utilizzati per le copie di sicurezza (nastri, CD, ecc.) ed ogni altro supporto rimovibile.

- Tipologia di dispositivi di accesso: elenco e descrizione sintetica degli strumenti utilizzati dagli incaricati per effettuare il trattamento: pc, terminale non intelligente, palmare, telefonino, ecc.

- Tipologia di interconnessione: descrizione sintetica e qualitativa della rete che collega i dispositivi d'accesso ai dati utilizzati dagli incaricati: rete locale, geografica, Internet, ecc.

Appare opportuno redigere a livello dimostrativo una mappa dei trattamenti che sintetizza a livello grafico quanto descritto in precedenza.

Distribuzione dei compiti e delle responsabilita' (regola 19.2)

In questa sede va indicato innanzitutto il titolare del trattamento dei dati con relative generalita' ed incarico.

Vanno indicati anche gli eventuali soggetti incaricati sintetizzando

67

le istruzioni che vengono fornite agli stessi e che costituiscono l'oggetto della lettera di incarico.

In particolare oltre alle istruzioni generali su come devono essere trattati i dati personali, agli incaricati sono fornite esplicite istruzioni relativamente a:

- procedure da seguire per la classificazione dei dati personali, al fine di distinguere quelli sensibili e giudiziari, osservando le maggiori cautele di trattamento che questo tipo di dati richiedono;

- modalita' di reperimento dei documenti contenenti dati personali e modalita' da osservare per la custodia e l'archiviazione degli stessi;

- modalita' per elaborare e custodire le password necessarie per accedere agli elaboratori elettronici e ai dati in essi contenuti, nonche' per fornirne copia al preposto alla custodia della parola chiave;

- prescrizione di non lasciare incustoditi e accessibili gli strumenti elettronici, mentre e' in corso una sessione di lavoro;

- procedure e modalita' di utilizzo degli strumenti e dei programmi atti a proteggere i sistemi informativi;

- procedure per il salvataggio dei dati;

- modalita' di utilizzo, custodia e archiviazione dei supporti rimuovibili contenenti dati personali;

- aggiornamento continuo, utilizzando il materiale e gli strumenti forniti dal Titolare, sulle misure di sicurezza.

Analisi dei rischi che incombono sui dati (regola 19.3)

Questa e' la parte piu' delicata di un DPS e richiede una certa attenzione.

Una buona impostazione potrebbe essere quella di tener conto di due tipi di rilevazioni:

- la tipologia dei dati trattati, la loro appetibilita', nonche' la loro pericolosita' per la privacy dei soggetti cui essi si riferiscono;

68

- i comportamenti degli operatori, gli eventi relativi agli strumenti utilizzati per il trattamento dei dati, gli eventi relativi al contesto.

Riguardo il primo aspetto l'analisi dei rischi con la valutazione dell'incidenza di rischio dovrebbe avere come riferimento:

i dati comuni del personale dipendente (quali quelli necessari al rapporto di lavoro, alla reperibilita' ed alla corrispondenza con gli stessi, ai rapporti fiscali), i dati comuni dei clienti (compresi i dati sul patrimonio e sulla situazione economica, o necessari per disposizioni fiscali o afferenti alla reperibilita' ed alla corrispondenza con gli stessi), i dati comuni di terzi (compresi i dati sul patrimonio e sulla situazione economica, o necessari per disposizioni fiscali o afferenti alla corrispondenza con gli stessi), i dati comuni dei fornitori (concernenti la corrispondenza con gli stessi, nonche' inerenti ai rapporti fiscali) ed i dati comuni dei clienti, dei fornitori o di terzi ricavati da albi, elenchi pubblici, visure camerali.

I dati sensibili del personale dipendente, i dati sensibili dei clienti dagli stessi forniti, i dati sensibili di terzi.

Riguardo il secondo aspetto l'analisi puo' essere semplificata attraverso la redazione di distinte tabelle che tengano conto del comportamento degli operatori, degli eventi relativi agli strumenti e degli eventi relativi al contesto.

Le tabelle potrebbero essere di questo tipo:

COMPORTAMENTO DEGLI OPERATORI

Rischi	Si/No	gravita'
Sottrazione di credenziali di autenticazione		
Carenza di consapevolezza, disattenzione o incuria		
Comportamenti sleali o fraudolenti		
Errore materiale		
Altro evento		

69

EVENTI RELATIVI AGLI STRUMENTI

Rischi	Si/No	gravita'
Azione di virus informatici o di programmi suscettibili di recare danno		
Spamming o tecniche di sabotaggio		
Malfunzionamento, indisponibilita' o degrado degli strumenti		
Accessi esterni non autorizzati		
Intercettazioni di informazioni in rete		
Altro evento		

EVENTI RELATIVI AL CONTESTO

Rischi	Si/No	gravita'
Accessi non autorizzati a locali/aree ad accesso ristretto		
Sottrazione di strumenti contenenti dati		
Eventi distruttivi, naturali o artificiali (movimenti tellurici, scariche atmosferiche, incendi, allagamenti, ecc.) nonche' dolosi, accidentali o dovuti ad incuria		
Guasto ai sistemi complementari (impianto elettrico, climatizzazione, ecc.)		
Errori umani nella gestione della sicurezza fisica		
Altro evento		

E' possibile, per ulteriori dettagli, rinviare a documenti analoghi gia' redatti in tema di piani di sicurezza e gestione del rischio, come ad es.: Business Continuity Plan, Disaster Recovery Plan, ecc. (si tenga pero' presente che le analisi alla base di questi altri documenti possono avere una natura ben diversa).

Molte aziende, ad esempio, predispongono per la loro attivita' un piano di disaster recovery che passa attraverso diverse fasi.

Innanzitutto e' necessario fare un elenco dei potenziali disastri che potrebbero verificarsi sulla rete. Tra le cause principali si segnalano il malfunzionamento dei dischi, l'interruzione temporanea delle operazioni, i virus, gli attacchi di hackers, la distruzione fisica.

Il passo successivo nella creazione del piano consiste nel definire le priorita' per applicazioni automatizzate, nel senso che devono essere determinate le funzioni del sistema che devono essere ripristinate immediatamente dopo un disastro e quelle che invece possono aspettare. Nella stesura di questa parte del processo di pianificazione i risultati migliori si ottengono quanto piu' onestamente i dipendenti ammettano la importanza delle loro funzioni per l'azienda ovvero quanto piu' agevolmente tale valutazione possa essere compiuta sulla base di criteri oggettivi. In ogni caso il lavoro da compiere risulta difficoltoso poiche' e' necessario predisporre una catalogazione di tutte le applicazioni, operazione non sempre agevole. Normalmente si distingue tra *funzioni essenziali per attivita' a tempo pieno* (si tratta di operazioni che devono proseguire in modo continuativo per il buon andamento dell'azienda), *funzioni vitali a tempo parziale* (si tratta di operazioni che devono continuare ma che hanno luogo periodicamente in specifici momenti), *funzioni necessarie per obiettivi aziendali di secondaria importanza* (sono operazioni considerate necessarie ma non rappresentano obiettivi primari), *attivita' operative di routine, attivita' di crescita.*

Il terzo passo nella creazione del piano di Disaster Recovery consiste nell'identificare e implementare misure preventive. Sebbene il piano serva prevalentemente per decidere come comportarsi in caso di disastro, questo certamente non preclude la

71

possibilita' di prendere in esame modalita' per prevenire i problemi o alleggerirne le conseguenze. D'altra parte la conoscenza e l'implementazione delle misure di protezione dei dati sono fondamentali per l'eventuale ripristino dopo il disastro. In particolare bisogna prendere in considerazione le seguenti precauzioni: il backup dei dati, la ridondanza dei dati, il software anti-virus, l'energia elettrica (gruppi di continuita'), i firewall (sistemi di sicurezza contro possibili intrusioni di hackers), un centro dati alternativo.

Il passo successivo nel processo di pianificazione consiste nello scrivere le istruzioni di ripristino, preparare, cioe', un elenco dettagliato che spieghi esattamente che cosa fare quando un sistema qualsiasi deve essere ripristinato. Nel piano e' necessario indicare le seguenti informazioni: persone da contattare per ciascun reparto; modalita' per recuperare i nastri di backup e copie di altri media; nomi e informazioni sui fornitori che possano fornire immediatamente nuovi computer adeguati alle esigenze dell'utente; nomi e informazioni sui fornitori che possono offrire consulenti in grado di eseguire le operazioni di ripristino istruzioni per recuperare i dati dai supporti di backup; notizie dettagliate su come configurare le workstation e i server da utilizzare in una LAN ripristinata.

Infine e' necessario perfezionare il piano, accertando altresi' che il medesimo funzioni attraverso tests di verifica e sottoponendolo a revisione periodica.

Misure in essere e da adottare (regola 19.4)

Per misure bisogna intendere lo specifico intervento tecnico od organizzativo posto in essere (per prevenire, contrastare o ridurre gli effetti relativi ad una specifica minaccia), come pure quelle attivita' di verifica e controllo nel tempo, essenziali per assicurarne l'efficacia.

Le misure indicate devono garantire:

* la protezione delle aree e dei locali ove si svolge il trattamento dei dati personali;

- la corretta archiviazione e custodia di atti, documenti e supporti contenenti dati personali;
- la sicurezza logica, nell'ambito degli strumenti elettronici

Le successive misure indicate a sostegno della fase di protezione dei dati si suddividono in:

- misure gia' adottate al momento della stesura del presente documento;
- ulteriori misure finalizzate ad incrementare il livello di sicurezza nel trattamento dei dati.

Va indicata, innanzitutto la protezione delle aree e dei locali (dispositivi antincendio, impianti di condizionamento, adeguamento legge 46/90, ecc.). Inoltre vanno indicate tutte le cautele per regolamentare l'accesso nei locali archivio ed impedire l'ingresso di estranei.

Va anche in questo caso ricordato che agli incaricati vengono impartite istruzioni per la gestione, la custodia e l'archiviazione dei documenti e dei supporti.

Una particolare attenzione va dedicata alle c.d. misure logiche di sicurezza per il trattamento effettuato con strumenti elettronici.

In particolare si fa riferimento:

- alla realizzazione e gestione di un sistema di autenticazione informatica al fine di accertare l'identita' delle persone che hanno accesso agli strumenti elettronici; in particolare ciascun utilizzatore deve essere dotato di una password di almeno 8 caratteri (o minore per le caratteristiche del sistema). Detta password non contiene, ne' conterra', elementi facilmente ricollegabili all'organizzazione o alla persona del suo utilizzatore, ne' allo studio legale. La stessa viene autonomamente scelta dall'utilizzatore e dallo stesso custodita in una busta chiusa che viene consegnata al responsabile del trattamento, il quale provvede a depositarla in un contenitore chiuso a chiave in un plico sigillato. Ogni tre mesi ciascun incaricato provvede a sostituire la propria password. Le password dovranno essere automaticamente disattivate dopo tre mesi di non utilizzo;

73

- all' autorizzazione e definizione delle tipologie di dati ai quali gli incaricati posso accedere e utilizzare al fine delle proprie mansioni lavorative;

- alla protezione di strumenti e dati da malfunzionamenti e attacchi informatici;

- alla prescrizione delle opportune cautele per la custodia e l'utilizzo dei supporti rimovibili, contenenti dati personali.

Naturalmente bisogna indicare l'esistenza di programmi antivirus e di sistemi firewall anti-intrusione e l'eventuale esistenza di supporti rimovibili che contengano dati personali.

Criteri e modalita' di ripristino della disponibilita' dei dati (regola 19.5)

In questa sede vanno descritti i criteri e le procedure adottati per il ripristino dei dati in caso di loro danneggiamento o di inaffidabilita' della base dati. L'importanza di queste attivita' deriva dall' eccezionalita' delle situazioni in cui il ripristino ha luogo: e' essenziale che, quando sono necessarie, le copie dei dati siano disponibili e che le procedure di reinstallazione siano efficaci.

Pertanto, e' opportuno descrivere sinteticamente anche i criteri e le procedure adottate per il salvataggio dei dati al fine di una corretta esecuzione del loro ripristino.

Bisogna innanzitutto indicare la banca-dati interessata, i criteri e procedure per il salvataggio dei dati (descrivendo sinteticamente la tipologia di salvataggio e la frequenza con cui viene effettuato), le modalita' di custodia delle copie (indicando il luogo fisico in cui sono custodite le copie dei dati salvate), la struttura o persona incaricata del salvataggio.

Pianificazione degli interventi formativi previsti (regola 19.6)

In questa sezione bisogna innanzitutto descrivere sinteticamente gli obiettivi e le modalita' degli interventi formativi in relazione a quanto previsto dalla regola 19.6 (ingresso in servizio o cambiamento di mansioni degli incaricati, introduzione di nuovi elaboratori, programmi o sistemi informatici, ecc) .

Inoltre bisogna individuare le classi omogenee di incarico a cui l'intervento e' destinato e/o le tipologie di incaricati interessati, anche in riferimento alle strutture di appartenenza.

E' opportuno indicare anche i tempi previsti per lo svolgimento degli interventi formativi.

Trattamenti affidati all'esterno (regola 19.7)

Qualora determinate attivita' che comportino trattamento di dati siano affidate a terzi e' necessario redigere un quadro sintetico di tali attivita' con l'indicazione sintetica del quadro giuridico o contrattuale (nonche' organizzativo e tecnico) in cui tale trasferimento si inserisce, in riferimento agli impegni assunti, anche all'esterno, per garantire la protezione dei dati stessi.

In particolare va indicata l'attivita' affidata all'esterno; i trattamenti di dati, sensibili o giudiziari, effettuati nell'ambito della predetta attivita'; la societa', l'ente o il consulente cui e' stata affidata l'attivita', e il ruolo ricoperto agli effetti della disciplina sulla protezione dei dati personali (titolare o responsabile del trattamento).

Inoltre vanno descritti gli oneri a cui e' sottoposta la societa' esterna affinche' sia garantito un adeguato trattamento dei dati: ad esempio puo' essere ritenuto necessario che la societa' a cui viene affidato il trattamento rilasci specifiche dichiarazioni o documenti, oppure assuma alcuni impegni anche su base contrattuale, con particolare riferimento, a: trattamento di dati ai soli fini dell'espletamento dell'incarico ricevuto; adempimento degli obblighi previsti dal Codice per la protezione dei dati personali; rispetto delle istruzioni specifiche eventualmente ricevute per il trattamento dei dati personali o integrazione delle procedure gia' in essere; impegno a relazionare periodicamente sulle misure di sicurezza adottate –anche mediante eventuali questionari e liste di controllo– e ad informare immediatamente il titolare del trattamento in caso di situazioni anomale o di emergenze.

Cifratura dei dati o separazione dei dati identificativi (regola 19.8)

Questo punto riguarda solo organismi sanitari e esercenti professioni sanitarie.

In questo caso vanno rappresentate le modalita' di protezione adottate in relazione ai dati per cui e' richiesta la cifratura -o la separazione fra dati identificativi e dati sensibili-, nonche' i criteri e le modalita' con cui viene assicurata la sicurezza di tali trattamenti.

In particolare e' opportuno descrivere i trattamenti (le banche o le basi di) dati oggetto della protezione; riportare la tipologia di protezione adottata, scelta fra quelle indicate dal Codice o in base a considerazioni specifiche del titolare; descrivere sinteticamente, in termini tecnici ed eventualmente organizzativi, la misura adottata.

Ad esempio, in caso di utilizzo di cifratura, le modalita' di conservazione delle chiavi e le procedure di utilizzo.

La dichiarazione d'impegno e di firma conclude il DPS e si ricorda che affinche' la data apposta sia certa e' opportuna o l'apposizione di un timbro anche da parte dell'Ufficio postale oppure la semplice spedizione del Documento a se stessi.

Una volta redatto il DPS deve essere custodito presso la sede della societa', per essere esibito in caso di controllo. Sarebbe utile anche indicare con apposito avviso da affiggere in uno spazio visibile l'avvenuta redazione del DPS.

Infine e' buona norma allegare al DPS l'organigramma dei soggetti responsabili in tema di privacy e la lettera di incarico da distribuire agli incaricati.

Ma nel panorama delle misure minime obbligatorie, oltre al D.P.S., oggi possiamo distinguere altre due ipotesi e cioè:

1- Possibilità di compilazione del D.P.S. Semplificato, in particolare da parte di liberi professionisti, artigiani e piccole e medie imprese, che, a norma dell'art. 34 co.1-bis, e del provvedimento a carattere generale del 27 novembre 2008, co.2.5, trattano dati personali, utilizzando strumenti elettronici, unicamente per correnti finalità amministrative e contabili;

2- Obbligo di Autocertificazione, ex art. 34 co.1-bis, da parte di soggetti che trattano soltanto dati personali non sensibili e che trattano come unici dati sensibili quelli costituiti dallo stato di salute o malattia dei propri dipendenti e collaboratori anche a progetto, senza indicazione della relativa diagnosi, o dell'adesione ad organizzazioni sindacali o a carattere sindacale.

Per questi soggetti, la tenuta di un aggiornato documento programmatico sulla sicurezza è sostituita dall'obbligo di autocertificazione (resa dal titolare del trattamento ai sensi dell'articolo 47 del testo unico di cui al decreto del Presidente della Repubblica 28 dicembre 2000, n. 445), di trattare soltanto tali dati in osservanza delle altre misure di sicurezza prescritte.

In particolare con riguardo al Documento Programmatico sulla Sicurezza Semplificato, l'art. 29 del decreto-legge 25 giugno 2008, n. 112, come modificato dalla legge di conversione 6 agosto 2008, n. 133, ha modificato l'art. 34 del Codice della Privacy inserendo il comma 1-bis; questo, tra le altre cose, prevede che :

"........In relazione ai trattamenti .... effettuati per correnti finalità amministrative e contabili, in particolare presso piccole e medie imprese, liberi professionisti e artigiani, il Garante, sentito il Ministro per la semplificazione normativa, individua con proprio provvedimento, da aggiornare periodicamente, modalità semplificate di applicazione del disciplinare tecnico di cui all'Allegato B) in ordine all'adozione delle misure minime di cui al comma 1"; e tra le misure minime di cui al comma 1 dell'art. 34 lett. g) troviamo anche il D.P.S. .

Il Garante, in ottemperanza all'art. 34 (T.U.) sopra citato, ha poi emanato un Provvedimento a carattere generale in data 27 novembre 2008 (doc. web n. 1571218 www.garanteprivacy.it in G.U. n. 287 del 9 dicembre 2008) nel quale detta le regole di semplificazione delle misure di sicurezza contenute nel disciplinare tecnico di cui all'Allegato B al Codice in materia di protezione dei dati personali, e prescrive la possibilità, per i soggetti indicati, di adottare un D.P.S. semplificato.

"Il documento deve essere redatto prima dell'inizio del trattamento e deve essere aggiornato entro il 31 marzo di ogni anno nel caso in cui, nel corso dell'anno solare precedente, siano intervenute modifiche rispetto a quanto dichiarato nel precedente documento".

Questa precisazione evidenzia una differenza con la modalità di tenuta del D.P.S. normale, ex art. 34 lett. g) che recita: "tenuta di un aggiornato documento programmatico sulla sicurezza"; tenere un documento aggiornato vuol dire intervenire sullo stesso, magari anche solo attraverso delle integrazioni da allegare, ogni qual volta i suoi contenuti debbano essere modificati perché la realtà in essi descritta viene in qualche modo cambiata (es: acquisto di nuovi computer, assunzione di nuovi incaricati con affidamento di profili nuovi, nomina o revoca di nuovi responsabili del trattamento, ecc..).

Il D.P.S. semplificato invece, secondo la lettera del provvedimento del Garante, va aggiornato solo entro il 31 marzo di ogni anno, quindi una sola volta all'anno.

Inoltre, a differenza del D.P.S. normale di cui abbiamo ampiamente parlato sopra, il D.P.S. semplificato può avere soltanto i seguenti contenuti:

1) le coordinate identificative del titolare del trattamento, in pratica l'individuazione del titolare mediante nome, cognome, oppure ragione sociale, indirizzo o sede legale.

Se designati, indicare pure gli eventuali responsabili del trattamento. Nel caso in cui l'organizzazione preveda una frequente modifica dei responsabili designati, potranno essere indicate le modalità attraverso le quali è possibile individuare l'elenco aggiornato dei responsabili del trattamento, che di solito viene tenuto insieme agli altri documenti sulla privacy;

2) una descrizione generale del trattamento o dei trattamenti realizzati, ad esempio : i dati vengono trattati mediante strumenti elettronici per gestire la contabilità, il rapporto di lavoro, gli ordini di acquisto, le commesse di vendita... ecc...

La descrizione deve permettere di valutare l'adeguatezza delle misure adottate per garantire la sicurezza del trattamento, precisare le finalità del trattamento; per finalità si intende il motivo per cui il trattamento viene effettuato; occorre poi specificare le categorie di persone interessate e dei dati o delle categorie di dati trattati; ad esempio dati personali identificativi, dati sensibili, dati sanitari, nonché i destinatari o le categorie di destinatari a cui i dati possono essere comunicati, come INPS e INAIL per gestire il rapporto di impiego dal punto di vista delle malattie e degli infortuni sul lavoro.

3) l'elenco, anche per categorie, degli incaricati del trattamento e delle relative responsabilità. Gli incaricati del trattamento non vanno necessariamente indicati con il nome e cognome, basta anche specificare che nell'ufficio amministrazione (per fare un esempio) operano un certo numero di incaricati del trattamento, per le incombenze relative alle proprie mansioni come da contratto di lavoro e secondo le direttive verbali del responsabile o del titolare del trattamento. Nel caso in cui l'organizzazione preveda una frequente modifica dei responsabili designati, potranno essere indicate le modalità attraverso le quali è possibile individuare l'elenco aggiornato dei responsabili del trattamento con le relative responsabilità;

4) una descrizione delle altre misure di sicurezza adottate per prevenire i rischi di distruzione o perdita, anche accidentale, dei dati, di accesso non autorizzato o di trattamento non consentito o non conforme alle finalità della raccolta.

Va, in ultimo, evidenziata una strana trasformazione del contenuto della norma a cura del provvedimento del Garante, trasformazione che riteniamo inopportuna e fuorviante.

La legge, art. 34 co 1-bis, recita testualmente:

"In relazione a tali trattamenti (quelli indicati nella prima parte dello stesso comma 1-bis e per i quali è previsto l'obbligo dell'autocertificazione -n.d.r.-), nonché a trattamenti comunque effettuati per correnti finalità amministrative e contabili, in particolare presso piccole e medie imprese, liberi professionisti e artigiani, il Garante, sentito il Ministro per la semplificazione normativa, individua con proprio provvedimento, da aggiornare periodicamente, modalità semplificate di applicazione del disciplinare tecnico di cui all'Allegato B) in ordine all'adozione delle misure minime di cui al comma 1".

E' facilmente rilevabile che il soggetto cui fa riferimento la legge sono i trattamenti, che vengono effettuati presso P.M.I , professionisti e artigiani.

Ma se prendiamo il provvedimento del Garante, ci rendiamo subito conto che le cose sono cambiate in modo destabilizzante per una corretta e lineare interpretazione: "...i soggetti pubblici e privati che trattano dati personali unicamente per correnti finalità amministrative e contabili, in particolare presso liberi professionisti, artigiani e piccole e medie imprese, possono redigere un documento programmatico sulla sicurezza semplificato sulla base delle indicazioni di seguito riportate".

Il testo della disciplina dettata dal Garante (per delega della legge sopra citata) sostituisce ai termini 'i soggetti che effettuano ' le parole ' i trattamenti effettuati presso '.

Il Garante pare dunque essere è intervenuto cambiando totalmente il senso e la portata della norma che gli ha delegato l'emanazione del provvedimento, andando quindi oltre i poteri concessi.

Per chi deve rispettare la legge, questa che viene definita "semplificazione" diventa un 'rebus' incomprensibile e difficile da ricomporre, in parole povere appare più come una vera e propria complicazione.

Riguardo l'autocertificazione il Codice precisa che "Coloro che trattano soltanto dati personali non sensibili e dati sensibili costituiti dallo stato di salute o malattia dei propri dipendenti e collaboratori anche a progetto, senza indicazione della relativa diagnosi, o dell'adesione ad organizzazioni sindacali o a carattere sindacale, hanno l'obbligo di effettuare una autocertificazione dove dichiarano di trattare soltanto tali dati in osservanza delle altre misure di sicurezza prescritte dalla legge" (art. 34 co. 1-bis. Dlgs 196-03).

L'autocertificazione deve essere fatta dal titolare del trattamento ai sensi dell'articolo 47 del testo unico di cui al Decreto del Presidente della Repubblica 28 dicembre 2000, n. 445; secondo l'art. 37 l'autocertificazione è esente da imposta di bollo e non necessita dell'autenticazione della firma.

Anche in questo caso la norma, purtroppo, non chiarisce a chi materialmente debba essere presentata l'autocertificazione; il DPR 445-2000 (richiamato nell'art. 34 co. 1-bis) fa riferimento ad ipotesi di autocertificazione da presentare sempre ad una P.A.; nel caso che ci interessa, però, non si comprende quale sia la P.A. cui presentarla.

Dobbiamo quindi risolvere il dubbio confidando nella logica; se consideriamo infatti che l'autocertificazione sostituisce il DPS, documento non recettizio, che va tenuto in azienda a disposizione degli organi accertatori o di chi 'legittimamente' ce ne chieda l'esibizione, dovremmo poter ragionevolmente ritenere che anche l'autocertificazione vada compilata e tenuta in azienda senza presentarla a nessuno, fino a quando le autorità preposte non ce la chiedano; ad esempio nel corso di un controllo.

L'autocertificazione, secondo la normativa richiamata, può essere firmata davanti ad un P.F. abilitato a riceverla (la cosa più semplice è andare in Comune) oppure (cosa che ci sembra la più logica), si appone una firma autografa allegando la fotocopia del documento di riconoscimento del sottoscrittore (dichiarante) come previsto dall'art. 38 co. 3. , cioè del titolare del trattamento dei dati o di chi ne fa legalmente le veci. Il tutto va conservato nei locali aziendali a disposizione di chi ce ne faccia richiesta. C'è anche chi sostiene che l'autocertificazione, per come è strutturata la formalità della sua compilazione, vada fatta solo al momento in cui il Garante (o l'autorità preposta) ce ne faccia richiesta. Preferiamo comunque consigliare di farla e tenerla già pronta nella struttura cui si riferisce.

La dichiarazione viene fatta sotto la propria responsabilità; nel caso di dichiarazioni non veritiere, di formazione od uso di atti falsi, si applicano le sanzioni previste dal codice penale, richiamate dall'art. 76 del D.P.R. 445 del 28 dicembre 2000.

Detto questo, è facilmente comprensibile che, di fatto, sebbene si parli di semplificazioni, in realtà l'autocertificazione introduce un obbligo la cui violazione comporta l'applicazione di sanzioni penali le quali, a differenza della mancata o non veritiera compilazione del D.P.S., non si possono evitare. Per quest'ultimo infatti, è prevista la possibilità, ove il titolare del trattamento provveda ad adottare la misura minima (il D.P.S.) entro il termine assegnatogli dal Garante della Privacy (art. 169 co. 2), di sottrarsi alla sanzione penale e vedersi condannare soltanto alla sanzione amministrativa (anche se questa ha come minimo edittale 20.000,00 euro).

Capitolo VII

Comunicazioni al Garante

Tra le comunicazioni al Garante assume maggiore rilevanza la notificazione che e' lo strumento per rendere note al Garante le caratteristiche principali del trattamento dei dati personali eseguito da parte del titolare. La materia e' regolata dagli articoli 37 a 41 del Codice per la protezione dei dati personali.

La *ratio legis* sottostante all'introduzione dell'obbligo della notificazione e' quella di consentire al Garante un controllo di conformita' in merito alle operazioni che si effettuano sui dati e la possibilita' per chiunque di accedere alle informazioni che la compongono, mediante il registro pubblico dei trattamenti tenuto presso il Garante e che a oggi, pero', non risulta ancora istituito.

Il modello di notificazione debitamente compilato e sottoscritto, secondo le stesse istruzioni date dal Garante e disponibili sul sito ufficiale, va inviato all'Autorita'. In capo ai titolari dei trattamenti verte l'obbligo di provare l'avvenuta ricezione della notificazione da parte dell'Autorita' (art. 38, comma 2).[17]

L'art. 37 del Codice disciplina la notificazione del trattamento e rivede in maniera piuttosto ampia la precedente normativa che trova il suo punto di riferimento nell'art. 7 della legge 675/96.

In effetti la disposizione in esame ed anche il successivo art. 38 completano l'intervento di semplificazione e razionalizzazione del sistema delle notificazioni gia' avviato dal decreto legislativo n. 467/2001, rivelatosi, sulla base dell'esperienza, per alcuni aspetti non indispensabile rispetto alle reali finalita' di trasparenza perseguite dalla direttiva comunitaria. Con le modifiche apportate,

---

[17] R. e R. Imperiali, *Cade l'obbligo di notifica generalizzato* in *Dossier della Guida al Diritto*, n. 8, Milano, 2003.

si snelliscono gli adempimenti in favore sia di soggetti privati, sia della pubblica amministrazione. Si prevede, infatti, l'individuazione di un elenco "in positivo" di un numero piu' ristretto di categorie di trattamenti soggetti a notificazione, modificando il precedente impianto della normativa che, com'e' noto, prevedeva un obbligo piu' ampio di effettuare la notificazione e individuava, poi, alcuni casi di esonero dall'obbligo o forme semplificate di notificazione.

Il Codice, completando, come si e' detto, l'intervento normativo avviato dal d.lgs. n. 467/2001, che aveva individuato le linee generali del nuovo sistema e demandato ad un regolamento governativo la determinazione dei casi e della modalita' della notificazione, individua in positivo le tipologie dei trattamenti oggetto di notificazione al Garante in quanto suscettibili di recare pregiudizio ai diritti e alle liberta' dell'interessato.

Si tratta, in sintesi, dei seguenti trattamenti, tutti relativi ad ambiti di particolare delicatezza:

a) dati genetici, biometrici o dati sull'ubicazione di persone od oggetti, da chiunque effettuati;

b) dati idonei a rivelare lo stato di salute e la vita sessuale, trattati per particolari finalita' sanitarie (a fini di procreazione assistita, prestazione di servizi sanitari per via telematica relativi a banche di dati o alla fornitura di beni, indagini epidemiologiche, ecc.);

c) dati idonei a rivelare la vita sessuale o la sfera psichica trattati da organismi senza scopo di lucro;

d) dati trattati con l'ausilio di strumenti elettronici volti a definire il profilo o la personalita' dell'interessato, o ad analizzare abitudini o scelte di consumo ovvero a monitorare l'utilizzo di servizi di comunicazione elettronica, con esclusione, pero', dei trattamenti tecnicamente indispensabili per fornire i medesimi servizi agli utenti;

e) dati sensibili registrati in banche di dati a fini di selezione del personale, ma solo nei casi in cui cio' avvenga per conto terzi,

84

nonche' dati sensibili utilizzati per sondaggi di opinione e simili;

f) dati registrati in apposite banche di dati gestite con strumenti elettronici e relative al rischio sulla solvibilita' economica e simili (c.d "centrali rischi").

A completamento del sistema si prevede che il Garante possa disporre con proprio provvedimento adottato in sede di controllo preliminare (art. 17), che siano soggetti a notificazione anche altri trattamenti in ragione del rischio derivante per i diritti dell'interessato.

Vari sono, inoltre, gli interventi di ulteriore semplificazione del sistema.

La disposizione in esame prevede, anzitutto, che l'Autorita' possa individuare, nell'ambito dei trattamenti individuati dalla norma e appena descritti, eventuali trattamenti non suscettibili, in concreto, di recare pregiudizio agli interessati e quindi sottratti all'obbligo di notificazione.

La notificazione potra' essere, poi, effettuata su un modello piu' snello di quello attuale, mentre un altro significativo elemento di semplificazione e' riscontrabile nella soppressione dell'obbligo di effettuare una specifica notifica dei dati destinati all'estero (cfr. art. 43, rispetto al previgente art. 28, l. n. 675/1996).

Il titolare del trattamento, pertanto, deve provvedere alla notifica nei soli casi previsti dall'articolo in esame, con un adempimento richiesto *una tantum* (salvo, ovviamente, l'obbligo di notificare le eventuali modifiche del trattamento o la sua cessazione) e sempre con un unico atto anche quando il trattamento comporta un trasferimento di dati all'estero (comma 3).

Le notificazioni sono inserite nel registro dei trattamenti tenuto dal Garante, ove sono consultabili da chiunque con modalita' agevoli.

Infine, una norma di chiusura conferma la piena attuazione del principio di massima trasparenza dei trattamenti previsto, oltre che dalla normativa comunitaria, dalla Convenzione del Consiglio d'Europa n. 108 del 1981, prevedendo che, in ogni caso, il titolare del trattamento il quale non e' tenuto all'obbligo di notificazione ai sensi dell'art. 37, deve fornire all'interessato, ad eventuale richiesta, le notizie contenute nel modello predisposto per le notificazioni, salvo che il trattamento riguardi registri o elenchi pubblici.

Lo stesso art. 18 della Direttiva 95/46/CE prevede al 1° comma l'obbligo della notificazione a carico del responsabile del trattamento, od eventualmente del suo rappresentante, presso l'autorita' di controllo di cui all'articolo 28, prima di procedere alla realizzazione di un trattamento, o di un insieme di trattamenti, interamente o parzialmente automatizzato, destinato al conseguimento di una o piu' finalita' correlate. Mentre al 2° comma prevede una semplificazione o l'esonero dall'obbligo di notificazione: qualora si tratti di categorie di trattamento che, in considerazione dei dati oggetto di trattamento, non siano tali da recare pregiudizio ai diritti e alle liberta' della persona interessata; qualora il responsabile del trattamento designi, conformemente alla legislazione nazionale applicabile, un incaricato della protezione dei dati, a cui e' demandato in particolare: di assicurare in maniera indipendente l'applicazione interna delle disposizioni nazionali di attuazione della direttiva e di tenere un registro dei trattamenti effettuati dal responsabile del trattamento in cui figurino le informazioni di cui all'articolo 21, paragrafo 2, della direttiva, garantendo in tal modo che il trattamento non sia tale da recare pregiudizio ai diritti e alle liberta' della persona interessata.

Si ricorda, inoltre, che il 31 marzo 2004 l'Autorita' Garante per la protezione dei dati personali (Stefano Rodota', Giuseppe Santaniello, Gaetano Rasi, Mauro Paissan) in attuazione di quanto previsto proprio dal 2° comma dell'art. 37 ha adottato un provvedimento per individuare i trattamenti di dati personali (raccolta, uso, conservazione etc.) che non dovranno essere oggetto di notificazione al Garante.

In effetti fin dalle prime settimane di applicazione del Codice, e in vista del termine transitorio del 30 aprile per la presentazione delle notificazioni, il Garante ha ritenuto necessario individuare, a date condizioni, nuove semplificazioni che interessano societa', enti locali, operatori sanitari (in particolare medici di medicina generale e pediatri), liberi professionisti, datori di lavoro e gestori di impianti di videosorveglianza.

In concreto il provvedimento prevede di sottrarre all'obbligo di notificazione al Garante, tra i casi previsti dall'art. 37, comma 1, del d.lgs. 30 giugno 2003, n. 196 specifiche fattispecie ed in particolare: 1) con riferimento ai casi di cui al comma 1, lett. a) della disposizione di cui sopra: a) i trattamenti non sistematici di dati genetici o biometrici effettuati da esercenti le professioni sanitarie, anche unitamente ad altri esercenti titolari dei medesimi trattamenti, rispetto a dati non organizzati in una banca di dati accessibile a terzi per via telematica; b) i trattamenti di dati genetici o biometrici effettuati nell'esercizio della professione di avvocato, in relazione alle operazioni e ai dati necessari per svolgere le investigazioni difensive di cui alla legge n. 397/2000, o comunque per far valere o difendere un diritto anche da parte di un terzo in sede giudiziaria; c) i trattamenti di dati che indicano la posizione geografica di mezzi di trasporto aereo, navale e terrestre, effettuati esclusivamente a fini di sicurezza del trasporto. 2) Con riferimento ai casi di cui al comma 1, lett. b) dell'art. 37, i trattamenti di dati idonei a rivelare lo stato di salute e la vita sessuale effettuati da esercenti le professioni sanitarie, anche unitamente ad altri esercenti titolari dei medesimi trattamenti: a) a fini di procreazione assistita, di trapianto di organi e tessuti, indagine epidemiologica, rilevazione di malattie mentali, infettive, diffusive o di sieropositivita'; b) ad esclusivi fini di monitoraggio della spesa sanitaria o di adempimento di obblighi normativi in materia di igiene e sicurezza del lavoro e della popolazione. 3) Con riferimento ai casi di cui al comma 1, lett. c), i trattamenti di dati idonei a rivelare la sfera psichica di lavoratori: a) effettuati da associazioni, enti od organismi a carattere sindacale per adempiere esclusivamente a specifici obblighi o compiti previsti dalla normativa in materia di rapporto di lavoro o di previdenza, anche in tema di diritto al lavoro dei disabili; b) effettuati da associazioni, enti od organismi senza scopo di lucro, anche non riconosciuti, a carattere politico, filosofico o religioso riguardo a dati di propri dipendenti o collaboratori, per adempiere esclusivamente a specifici obblighi previsti dalla normativa in materia di rapporto di lavoro o di previdenza. 4) Con riferimento ai casi di cui al comma 1, lett. d), i trattamenti di dati personali: a) che non siano fondati unicamente su un trattamento automatizzato volto a definire profili professionali, effettuati per esclusive finalita' di occupazione o di gestione del rapporto di lavoro, fuori dei casi di cui alla lettera e) del medesimo art. 37, comma 1; b) che non siano fondati unicamente su un trattamento automatizzato volto a definire il profilo di un investitore, effettuati esclusivamente per adempiere a specifici obblighi previsti dalla normativa in materia di intermediazione finanziaria; c) relativi all'utilizzo di marcatori elettronici o di dispositivi analoghi installati, oppure memorizzati temporaneamente, e non persistenti, presso l'apparecchiatura terminale di un utente, consistenti nella sola trasmissione di identificativi di sessione in conformita' alla disciplina applicabile, all'esclusivo fine di agevolare l'accesso ai contenuti di un sito Internet. 5) Con riferimento ai casi di cui al comma 1, lett. e), i trattamenti di dati sensibili effettuati: a) al solo fine di selezione di personale per conto esclusivamente di soggetti appartenenti al medesimo gruppo bancario o societario; b) da soggetti pubblici per adempiere esclusivamente a specifici obblighi o compiti previsti dalla normativa in materia di occupazione e mercato del lavoro; c) da associazioni o organizzazioni di categoria al solo fine di svolgere ricerche campionarie relativamente a dati riguardanti l'adesione alla medesima associazione o organizzazione. 6) Con riferimento ai casi di cui al comma 1, lett. f), i trattamenti di dati personali: a) effettuati da soggetti pubblici per la tenuta di pubblici registri o elenchi conoscibili da chiunque; b) registrati in banche di dati utilizzate in rapporti con l'interessato di fornitura di beni, prestazioni o servizi, o per adempimenti contabili o fiscali; c) registrati in banche di dati utilizzate da soggetti pubblici o privati per adempiere esclusivamente ad obblighi normativi in materia di rapporto di lavoro, previdenza o assistenza; d) registrati in banche di dati utilizzate da soggetti pubblici al solo fine della tenuta ed esecuzione di atti, provvedimenti e documenti, in tema di riscossione di tributi, applicazione di sanzioni amministrative, o rilascio di licenze, concessioni o autorizzazioni; e) relativi a immagini o suoni conservati temporaneamente per esclusive finalita' di sicurezza o di tutela delle persone o del patrimonio; f) trattati, in base alla legge, dai soggetti autorizzati in relazione alle operazioni e ai dati necessari all'esclusivo fine di prestare l'attivita' di garanzia collettiva dei fidi e i servizi a essa connessi o strumentali ("confidi").

L'art. 38 del Codice disciplina le modalita' di notificazione e partendo dal presupposto che la notificazione e' una dichiarazione prevede per essa una determinata forma e specifiche modalita' di trasmissione:

a) deve essere rilasciata secondo il modello messo a disposizione dal Garante e contenere le informazioni in esso richieste;

b) deve essere trasmessa per via telematica, previa apposizione della firma digitale da parte del dichiarante;

c) deve rispettare le prescrizioni impartite dall'Autorita'.

E' altresi' specificato nella disposizione in esame (1° comma), sulla scorta di quanto stabilito dall'art. 7 comma 2° della precedente legge 675/96, che la notificazione deve essere effettuata in via preventiva una sola volta, indipendentemente dalla durata del trattamento, dal numero delle operazioni da svolgere e puo' riguardare non soltanto un trattamento, ma anche molteplici trattamenti, sia pure con finalita' "correlate".

Quest'art. 38 trova un suo punto di riferimento nell'art. 19 della Direttiva 95/46/CE che disciplina l'oggetto della notificazione.

L'art. 39 del Codice (che si ricollega a quanto previsto dall'art. 7 lett. e della Direttiva 95/46/CE) specifica le modalita' e gli effetti della comunicazione al Garante dei flussi di dati in ambito pubblico. La norma prevede la possibilita' di effettuare la comunicazione dei dati decorsi 45 giorni dalla comunicazione al Garante, ferma restando la possibilita' di una determinazione dell'Autorita' anche successiva all'avvio del flusso dei dati e si applica anche al trattamento di dati idonei a rivelare lo stato di salute previsto dal programma di ricerca biomedica e sanitaria di cui all'art. 110.

La violazione dell'obbligo di notificazione e' sanzionata in due modi distinti.

Alcune sanzioni di natura amministrativa (art. 163) puniscono i casi di:

1) omessa notificazione;

2) notificazione tardiva;

3) notificazione incompleta (art. 163).

Diversamente una sanzione di natura penale colpisce il caso in cui la notifica riporti informazioni false (art. 168).

Ovviamente eventuali inadempienze possono essere fatte valere dinanzi al tribunale anche per ottenere il risarcimento dei danni subiti oppure innanzi al Garante tramite la presentazione di un reclamo o di una segnalazione.[18]

L'art. 40 disciplina le c.d. autorizzazioni generali (gia' previste all'art. 41, comma 7 della legge 675/96) tramite le quali l'Autorita' acconsente ad operazioni di trattamento di dati sensibili o giudiziari a determinate condizioni e per determinati fini. Nel caso in cui, invece, lo specifico trattamento che il titolare intende porre in essere non e' contemplato e autorizzato nelle menzionate autorizzazioni generali sussistera' in capo al titolare l'obbligo di sottoporre, in via preventiva rispetto all'inizio del trattamento dei dati, una dettagliata richiesta di autorizzazione al Garante tramite la compilazione di uno specifico modulo rilasciato dall'Autorita' stessa.

L'autorizzazione costituisce una condizione di liceita' del trattamento dei dati sensibili e talvolta dei dati giudiziari. Si tratta di un provvedimento del Garante mediante cui l'Autorita', dopo avere esaminato che il trattamento in questione non comporta particolari rischi di danno o di pericolo per i diritti, le liberta' fondamentali e la dignita' delle persone lo acconsente.

---

[18] R. e R. Imperiali, *Cade l'obbligo di notifica generalizzato, op. cit.*

La predetta condizione di liceita' del trattamento dei dati costituisce una deroga al generale sistema della liberta' del trattamento di dati personali previsto per i dati comuni posto che il trattamento dei dati sensibili o giudiziari e' vietato, a meno che non sia consentito da una preventiva autorizzazione dell'Autorita'.

Per consentire la rapida circolazione delle informazioni, il Garante ha rilasciato delle autorizzazioni generali (che si distinguono ovviamente da quelle specifiche) per tipologie di trattamenti, con le quali sono state legittimati alcuni trattamenti di dati sensibili o giudiziari analiticamente specificati.

Si pensi ad esempio, per i dati sensibili, alle sei "Autorizzazioni generali" emanate in prima applicazione nel novembre e nel dicembre 1997 e reiterate alla scadenza sempre con scadenza annuale (le ultime produrranno i loro effetti giuridici fino al giugno del 2004).

Le autorizzazioni toccano, in particolare, i seguenti settori:

1. trattamento di dati sensibili nei rapporti di lavoro;

2. trattamento dei dati idonei a rivelare lo stato di salute e la vita sessuale;

3. trattamento dei dati sensibili da parte degli organismi di tipo associativo e delle fondazioni;

4. trattamento dei dati sensibili da parte dei liberi professionisti;

5. trattamento dei dati sensibili da parte di "diverse categorie di titolari";

6. trattamento di alcuni dati sensibili da parte degli investigatori privati.

Le Autorizzazioni generali vengono pubblicate sulla Gazzetta Ufficiale al fine di darvi massima diffusione e conoscibilita'.

L'autorizzazione del Garante e' richiesta come condizione di legittimita' anche per il trattamento operato dal settore pubblico, nel solo caso in cui l'ente intenda utilizzare dati relativi alla salute per finalita' sanitarie (art. 76).

L'art. 41 del Codice nel disciplinare le richieste di autorizzazione riprende quanto previsto dall'art. 14 del D.P.R. n. 501/98. In effetti nessuna modifica e' intervenuta riguardo il procedimento per il rilascio delle autorizzazioni del Garante, salvo la previsione di un termine ritenuto piu' congruo per un'efficace valutazione dei trattamenti sottoposti all'esame dell'Autorita' (45 giorni). Quindi nel caso ci si trovi in una delle situazioni gia' previste ed acconsentite nelle autorizzazioni generali, il "titolare" non sara' tenuto a presentare specifica richiesta di autorizzazione al Garante (1° comma). Qualora, invece, il caso non sia stato gia' regolamentato, oppure le modalita' di trattamento siano diverse da quelle prospettate nell'Autorizzazione generale, il titolare deve sottoporre all'Autorita' una specifica richiesta di autorizzazione (comma 3). La richiesta deve essere preventiva al trattamento che si intende effettuare. Il Garante comunica la sua decisione entro 45 giorni dal ricevimento della richiesta ed in caso di mancata pronuncia entro tale termine la richiesta si intende rigettata (art. 26 comma 2° del T.U.), non essendo possibile, nel caso di specie, applicare il principio del silenzio assenso della Pubblica Amministrazione.[19]

---

[19] R. e R. Imperiali, *Cade l'obbligo di notifica generalizzato, op. cit*

CAPITOLO VIII

TRASFERIMENTO DATI ALL'ESTERO

Il trasferimento dei dati personali all' estero e' regolato dagli articoli 42 e seguenti del Codice della privacy. Il d.lgs 196/2003 distingue essenzialmente tre fattispecie: 1) i trasferimenti all'interno dell'Unione Europea; 2) i trasferimenti consentiti in Paesi terzi e, infine, 3) i trasferimenti vietati.

Il principio di fondo e' che i primi sono incondizionatamente consentiti, salvo che in caso di elusione delle disposizioni del codice della privacy, mentre i secondi e gli ultimi sono, rispettivamente, ammessi e proibiti soltanto a certe condizioni.[20]

I trasferimenti all'interno dell'Unione europea sono disciplinati dall'art. 42 del Codice il quale stabilisce che le disposizioni del codice non possono essere applicate in modo da restringere o vietare la libera circolazione dei dati personali fra gli Stati membri dell'Unione europea, fatta salva l'adozione, in conformita' allo stesso codice, di eventuali provvedimenti in caso di trasferimenti di dati effettuati per eludere le stesse disposizioni. La disposizione in esame non trova precedenti nella legge 675/96 ed una prima dottrina[21] ha interpretato la norma come una sorta di abilitazione per eventuali iniziative comunque devolute alla competenza di organismi non titolari della potesta' legislativa.

La direttiva 95/46/CE non esamina nello specifico la fattispecie in esame in quanto parte dal presupposto esplicitato al *Considerando 9* che data la protezione equivalente derivante dal ravvicinamento delle legislazioni nazionali, gli Stati membri non potranno piu' ostacolare la libera circolazione tra loro di dati personali per

---

[20] M. Atelli, *Informazioni oltre frontiera: addio alle formalità* in *Dossier della Guida al Diritto*, n. 8, Milano, 2003.
[21] M. Atelli, *Informazioni oltre frontiera: addio alle formalità, op. cit.*

ragioni inerenti alla tutela dei diritti e delle liberta' delle persone fisiche, segnatamente del diritto alla vita privata.

I trasferimenti consentiti nei Paesi terzi sono disciplinati dall'art. 43 del Codice che riprende quanto previsto dall'art. 28, 1° comma e 4° comma della legge 675/96 (con esclusione per quest'ultimo comma della lett. g) e dall'art. 26, comma 2, della legge 675/96.

Un'importante novita' rispetto alla precedente disposizione normativa di riferimento e' comunque rappresentata da un ulteriore semplificazione del sistema del trasferimento dei dati verso paesi non appartenenti all'Unione europea, con l'esclusione dell'obbligo di notificare specificamente al Garante il trasferimento dei dati (l'obbligo e' adempiuto, *una tantum*, con l'unica notifica eventualmente dovuta ai sensi dell'art. 37) e dalla conseguente soppressione dell'obbligo di attendere il decorso del termine originariamente prima di poter procedere al trasferimento dei dati (art. 28, comma 2, l. n. 675/1996).

La disposizione in esame cerca, inoltre, di assicurare la piena simmetria della disciplina del trattamento dei dati personali effettuato a fini di trasferimento dei dati all'estero con quella relativa al trattamento sul territorio nazionale (1° comma, lett. b) e d)).

Queste novita' introdotte dal codice appaiono piu' coerenti con la stessa disciplina dettata dalla direttiva 95/46/CE che all'art. 25 sancisce il principio secondo il quale il trasferimento di dati personali da uno Stato membro verso un paese terzo puo' aver luogo "soltanto a condizione che quest'ultimo garantisca un livello di protezione adeguato". Il paragrafo 2 precisa quali sono gli elementi da prendere in considerazione per la valutazione dell'adeguatezza: si tratta di tutte le circostanze che influiscono su un trasferimento o su una categoria di trasferimenti, come la natura dei dati, le finalita' del o dei trattamenti previsti, le misure di sicurezza e le disposizioni del paese in questione; a tale proposito e' necessario esaminare le disposizioni legislative generali e settoriali del paese, unitamente alle discipline deontologiche. Nei successivi paragrafi dell'art. 25 si prevede la possibilita' per la Commissione di constatare se un paese terzo prevede o meno un livello di protezione adeguato; gli Stati membri devono adottare di conseguenza tutte le misure necessarie per conformarsi alla decisione della Commissione e, se del caso, per impedire ogni trasferimento di dati verso il paese terzo in questione. Ma in deroga a quanto disposto dall'articolo 25 il successivo art. 26 della direttiva prevede che gli Stati membri possono disporre un trasferimento di dati personali verso un paese terzo, che non garantisce una tutela adeguata ai sensi dell'articolo 25, solo a determinate condizioni quali ad esempio quando la persona interessata abbia manifestato il proprio consenso in maniera inequivocabile al trasferimento previsto, oppure quando il trasferimento sia necessario per l'esecuzione di un contratto tra la persona interessata ed il responsabile del trattamento oppure quando il trasferimento sia necessario per la conclusione o l'esecuzione di un contratto, concluso o da concludere nell'interesse della persona interessata, tra il responsabile del trattamento e un terzo, ecc. In ogni caso il paragrafo 2 dell'art. 26 precisa che uno Stato membro puo' autorizzare un trasferimento o una categoria di trasferimenti di dati personali verso un paese terzo che non garantisca un livello di protezione adeguato ai sensi dell'articolo 25, paragrafo 2, qualora il responsabile del trattamento presenti garanzie sufficienti per la tutela della vita privata e dei diritti e delle liberta' fondamentali delle persone, nonche' per l'esercizio dei diritti connessi.

Ma l'articolo 43 si distingue dal "vecchio" articolo 28 della legge 675/1996 anche sotto ulteriori profili. Tra questi, sono da evidenziare almeno i seguenti:

- dal raffronto tra le formulazioni delle lettere *a)* e *c)* dell'articolo 43 sembrerebbe trarsi la conclusione che la forma scritta valga a consentire il trasferimento, in alternativa al consenso espresso, solo ove si tratti di dati sensibili, e non piu' (si veda l'articolo 28, comma 4, lettera *a)*, della legge 675/1996) anche ove si tratti di dati "giudiziari"; probabilmente si tratta di un mero refuso, ma il risultato e' nell'insieme un po' vistoso;

- la lettera *d)* dell'articolo 43 innova invece nella parte in cui distingue le condizioni di legittimita' del trattamento a seconda che l'intervento di salvaguardia riguardi un terzo oppure l'interessato; nel secondo caso, infatti, diversamente dal passato (articolo 28, comma 4, lettera *e)* la norma richiede comunque il consenso. L'ambito di applicazione della disposizione e' da circoscrivere ai soli trattamenti di dati sensibili, sia per ragioni di ordine logico sia per effetto dell'obliquo rinvio all'articolo 82 del codice della privacy;

- la lettera *e)* dell' articolo 43 ripropone la disposizione gia' contenuta nell'articolo 28, comma 4; lettera *d)*, della legge 675/1996, a propria volta risultante dalle innovazioni a suo tempo introdotte con il d.lgs 467/01. Diversamente dal vecchio testo, tuttavia, il nuovo nell'autorizzare i trattamenti occorrenti per finalita' di investigazione o di difesa, vincola i titolari ad effettuarli nel rispetto della vigente normativa in materia di segreto aziendale ed industriale;

- la lettera *f)* dell'articolo 43 stabilisce, trasponendo la disposizione contenuta nell'articolo 28, comma 4, lettera *f)*, della "vecchia" legge 675/1996, che il trasferimento e' consentito anche quando sia effettuato in accoglimento di una richiesta rivolta alle amministrazioni pubbliche. Per quanto qui interessa, deve ritenersi che, parlando di trasferimento effettuato "in accoglimento" di una richiesta di accesso ai documenti amministrativi, la norma operi un tacito quanto inequivoco rinvio ai casi, e ai correlativi limiti, entro i quali l'accoglimento puo' essere disposto dall'amministrazione cui detta richiesta e' stata indirizzata;

- per quanto concerne la lettera *g)* dell'articolo 43, essa consente il trasferimento se necessario per esclusivi scopi scientifici o statistici o storici (in quest'ultimo caso, presso archivi "privati") purche' venga effettuato in conformita' ai codici deontologici di cui all' allegato *A* del codice;

96

- la lettera *h)* dell'articolo 43, da ultimo, si limita a riprodurre il disposto dell'articolo 26, comma 2, della "vecchia" legge 675/1996.

Gli altri trasferimenti consentiti sono disciplinati dall'art. 44 del Codice. Essi non sono soltanto quelli previsti dall'articolo 43, poiche' oltre a questi ve ne sono di ulteriori per la cui liceita' e' richiesta tuttavia l'autorizzazione del Garante sulla base di adeguate garanzie per i diritti dell'interessato: individuate dal Garante stesso anche in relazione a garanzie prestate con un contratto oppure individuate con le decisioni previste dagli artt. 25, paragrafo 6 e 26, paragrafo 4 della direttiva 95/46/CE (gia' esaminate nel commento all'art. 43) con le quali la Commissione europea constata che un paese non appartenente all'Unione europea garantisce un livello di protezione adeguato o che alcune clausole contrattuali offrono garanzie sufficienti.

Appare quindi evidente che nella materia della tutela dei dati personali vi e' da sempre la preoccupazione che, proprio al fine di eludere le protezioni offerte dalle legislazioni degli Stati, i dati personali vengono trasferiti all'estero, verso paesi con una minore, o con nessuna, legislazione sul punto della protezione degli individui rispetto al trattamento dei dati personali.

L'articolo 44 del codice e' norma densa di significati e di implicazioni, la cui trattazione richiederebbe ben altro spazio e approfondimento, sicche' e' preferibile in questa sede limitarsi a segnalare almeno un paio di questioni maggiormente rilevanti.

La prima questione attiene al ruolo del Garante. Diversamente da quanto prevedeva l'articolo 28, lettera *g)*, della legge 675/1996, l'articolo 44, comma 1, lettera *a)*, legittima infatti in via espressa un doppio intervento dell'Autorita': per un verso, in sede di autorizzazione al trasferimento; per altro verso, in sede di "individuazione" delle "adeguate garanzie per i diritti dell'interessato" anche in relazione a garanzie prestate con un contratto. Sul punto, rimane a ogni modo da chiarire meglio quale sia la relazione che in tal modo si viene a instaurare tra "autorizzazione" e "individuazione", sia per quanto concerne gli

97

aspetti strettamente procedimentali (anche alla luce del regolamento 1/2000 sul funzionamento dell'ufficio del Garante), sia per quanto attiene al reale contenuto del potere autorizzatorio dell'Autorita' (in particolare: la concreta adozione delle misure "individuate" rende l'emanazione dell' "autorizzazione" atto vincolato?).

La seconda questione concerne invece i corrispondenti poteri della Commissione europea. In base all'articolo 28, lettera *g)* , della legge 675/1996, la Commissione era chiamata a "individuare" le adeguate garanzie richieste, mentre oggi gli e' rimesso soltanto di "constatare" se un Paese non appartenente all'Unione europea garantisca un livello di protezione adeguato o che alcune clausole contrattuali offrano garanzie sufficienti. Sorge allora spontanea la domanda: crescono i poteri del Garante nazionale e scemano quelli della Commissione? In caso di risposta affermativa, potrebbe in casi estremi configurarsi una disparita' di vedute tra autorita' italiana e Commissione? Con, quali conseguenze, nell'ipotesi di eventuale contenzioso instaurato a istanza di parte nelle sedi competenti?

I trasferimenti vietati sono disciplinati dall'art. 45 del Codice che riprende quanto previsto dall'art. 28, comma 3, della legge 675/96 ed e' se vogliamo anche una logica conseguenza di quanto disciplinato dalle disposizioni precedenti del codice e di quanto previsto dalla direttiva 95/46/CE.

E' quindi la norma di chiusura in materia di trasferimento all'estero dei dati secondo la quale fuori dei casi di cui agli articoli 43 e 44, il trasferimento anche temporaneo fuori del territorio dello Stato, con qualsiasi forma o mezzo, di dati personali oggetto di trattamento, diretto verso un Paese non appartenente all'Unione europea, e' vietato quando l'ordinamento del Paese di destinazione o di transito dei dati non assicura un livello di tutela delle persone adeguato. Sono valutate anche le modalita' del trasferimento e dei trattamenti previsti, le relative finalita', la natura dei dati e le misure di sicurezza. Si tratta di una valutazione delicata, anche se eventuali condotte persino colpose, in proposito, non sembrerebbero comunque esporre l'autore al rischio di applicazione delle pesanti sanzioni penali previste dall'art. 167, comma 2, del codice.

CAPITOLO IX

TRATTAMENTI IN AMBITO PUBBLICO

I trattamenti in ambito pubblico sono disciplinati dal Titolo IV del Codice introdotto dall'art. 59 che richiamando implicitamente l'art. 43, comma 2, della legge 675/96, ribadisce la compatibilita' delle disposizioni in materia di accesso ai documenti amministrativi (legge 241/90) con quelle che regolano il diritto di accesso ai dati personali.

La norma deve essere letta anche in combinato con la modifica apportata all'articolo 24, comma 3, della legge n. 241/1990, che fa salva l'applicabilita' della disciplina prevista dal Codice privacy nei casi in cui la richiesta di accesso ai dati raccolti mediante strumenti informatici riguarda dati personali del richiedente.

La norma riproduce inoltre la previsione gia' contenuta nell'art. 16 del d.lgs. n. 135/1999, in materia di trattamenti di dati sensibili da parte di soggetti pubblici, prevedendo che le attivita' finalizzate all'applicazione della disciplina in materia di accesso ai documenti amministrativi sono di rilevante interesse pubblico.

L'art. 59 del Codice va visto in stretto collegamento con il successivo art. 60 il quale prevede che il trattamento dei dati personali e' consentito se la situazione giuridicamente rilevante che si intende tutelare con la richiesta di accesso e' di rango almeno pari ai diritti dell'interessato, ovvero consiste in un diritto della personalita' o in un altro diritto o liberta' fondamentale e inviolabile.

La disposizione chiarisce in modo inequivoco i presupposti per il trattamento di tali dati sensibili oggetto di una richiesta di accesso ai documenti, in linea con l'orientamento interpretativo espresso dalla giurisprudenza amministrativa sul predetto art. 16 del d.lgs. n. 135/1999.

In questo contesto, la nuova disciplina dei conflitti tra privacy ed accesso eventualmente innescati da istanze di ostensione implicanti un trattamento, ai fini del riscontro dell'istanza medesima, di dati idonei a rivelare lo stato di salute e la vita sessuale, risulta per vero largamente innovativa, occupandosi in un certo modo di delimitare e profilare piu' specificamente i termini di bilanciamento (ATELLI).

In merito e' opportuno segnalare alcune decisioni del Garante perfettamente in linea con quanto sostenuto in precedenza; si pensi alla decisione del 27 giugno 2001 con la quale l'Autorita' ha precisato che il diritto di accesso ai documenti amministrativi, esercitabile nei casi e nei limiti previsti dalla legge n. 241/1990, e' distinto - e basato su altri presupposti - dal diritto di accesso ai propri dati personali, riconosciuto solo alla persona alla quale i dati si riferiscono e tutelato anche dinanzi al Garante, oppure alla decisione del 3 marzo 2001 con la quale il Garante ha chiarito che non preclude il ricorso all'Autorita' una precedente azione giudiziaria relativa all'accesso ai documenti amministrativi ai sensi della legge n. 241/1990.

In definiva sembra che il Codice preveda tre distinti parametri di giudizio, al fine di consentire l'ostensione di documenti amministrativi che comprendano dati supersensibili di terzi interessati, rispettivamente quando:

a) la situazione giuridicamente rilevante che si intende tutelare con la richiesta di accesso sia di rango almeno pari ai diritti dell'interessato. In tal caso, nessun dubbio che il confronto debba essere condotto con riferimento alla concreta valenza delle contrapposte situazioni soggettive di riferimento;

b) la situazione giuridicamente rilevante consista in un diritto della personalita'. Il riferimento alla categoria civilistica sembra invero destinato a generare diffusi contrasti giurisprudenziali. Non e' neppure chiaro se il legislatore abbia inteso esemplificare un'ipotesi palese di bilanciamento di interessi, ovvero se tale previsione debba intendersi derogatoria della regola di giudizio attributiva di una valenza costituzionale ai singoli diritti della personalita';

c) la situazione giuridicamente rilevante consista in un altro diritto o liberta' fondamentale o inviolabile. La ragione della specificazione risiede verosimilmente nella difficolta' e nel rischio di procedere, in sede amministrativa o giurisdizionale, alla compilazione di improbabili graduatorie dei valori costituzionali. Naturalmente la formalizzazione di tale ipotesi resta suscettibile di produrre effetti di generalizzata apertura, a fronte della semplice allegazione di un qualsiasi rilievo "para-costituzionale" dell'interesse vantato dall'istante.

Nasce cosi' il c.d. principio del pari rango nato dall'esperienza applicativa che ha individuato da tempo alcuni opportuni presupposti per bilanciare il diritto alla riservatezza e il diritto di accesso ai documenti amministrativi, specie quando i documenti contengono dati attinenti alla salute o alla vita sessuale.

La questione dei limiti alla comunicazione di dati sulla salute e sulla vita sessuale a persone diverse dall'interessato ha assunto, non di rado, rilevanza nel caso di richieste di accedere a cartelle cliniche detenute presso strutture sanitarie, a volte formulate da un difensore nell'ambito delle cd. indagini difensive (art. 391-*quater* c.p.p.).

Con riferimento al caso in cui una pubblica amministrazione riceva una richiesta di accesso a documenti amministrativi contenenti tale tipo di dati, il Codice (art. 60), risolvendo alcuni dubbi interpretativi sorti sulla base delle disposizioni previgenti (art. 16 d.lgs. 11 maggio 1999, n. 135), dispone che il trattamento dei dati finalizzato a permettere l'accesso e' consentito se la situazione giuridica che si intende tutelare con la richiesta di accesso ai documenti amministrativi e' "di rango almeno pari ai diritti dell'interessato", ovvero consiste in un diritto della personalita' o in un altro diritto o liberta' fondamentale ed inviolabile.

Ad identica valutazione sul "rango" della situazione soggettiva fatta valere sono tenuti i soggetti privati nel caso in cui sia loro richiesto di comunicare a terzi singole informazioni sulla salute e sulla vita sessuale dell'interessato, come evidenziato dal Garante in una vicenda riguardante una casa di cura privata (*Nota* 4 settembre 2003).

In tutte queste ipotesi il destinatario della richiesta, per decidere se accogliere anche in parte l'istanza di comunicazione di dati o di accesso ai documenti, deve previamente verificare in concreto se il diritto che si intende far valere o difendere sulla base delle informazioni o della documentazione richiesta sia almeno "di pari rango" rispetto al diritto alla riservatezza, alla dignita' ed agli altri diritti e liberta' fondamentali dell'interessato. La comunicazione di dati che rientrano nella sfera di riservatezza dell'interessato puo', in definitiva, ritenersi giustificata e legittima solo se il diritto del richiedente rientra nella categoria dei diritti della personalita' o e' compreso tra altri diritti fondamentali ed inviolabili.

Questa significativa affermazione, ora espressamente confermata dal Codice (artt. 26, comma 4, lett. *c*), 60, 71 e 92, comma 2, d.lgs. n. 196/2003), e' contenuta in un provvedimento del 9 luglio 2003 dell'Autorita', con il quale sono stati forniti alcuni criteri guida che devono caratterizzare il bilanciamento delle diverse situazioni coinvolte.

In tale provvedimento si fa riferimento in particolare alla richiesta di accesso, da parte di persone diverse dall'interessato, alla cartella clinica di quest'ultimo (che puo' presentare delicate informazioni riferite talvolta anche ad individui diversi dall'interessato: si pensi alle anamnesi familiari), accanto ad altre considerazioni utili per altri tipi di documenti detenuti in ambito pubblico o privato.

Si e' cosi' precisato che:

- la comunicazione all'interessato di dati personali sulla salute va effettuata solo per il tramite di un medico (art. 23, comma 2, legge n. 675/1996; vedi pero', ora, art. 84 d.lgs. n. 196/2003, in riferimento agli esercenti le professioni sanitarie e agli organismi sanitari);

- occorre avere presente, quale elemento di raffronto per il bilanciamento degli interessi, non gia', in se' considerato, il diritto alla tutela giurisdizionale, che pure e' costituzionalmente garantito, bensi' il diritto soggettivo sottostante, che si intende far valere sulla base del materiale documentale di cui si vorrebbe avere conoscenza;

- la valutazione sui diritti soggettivi va fatta in concreto, cosi' da evitare "il rischio di soluzioni precostituite poggianti su una astratta scala gerarchica dei diritti in contesa" (nello stesso senso, C.d.S. Sez. VI, 30 marzo 2001, n. 1882 e 9 maggio 2002, n. 2542; cfr. pure C.d.S. Sez. V, 31 dicembre 2003, n. 9276);

- oltre a verificare, anche nell'ottica di un eventuale accoglimento parziale della richiesta, l'effettiva necessita' dei dati ai fini dell'azione o della difesa, occorre osservare comunque i principi di pertinenza e di non eccedenza nel trattamento, al cui rispetto sono tenuti pure i soggetti pubblici (artt. 3-4 d.lgs. n. 135/1999; ora, art. 22 d.lg. n. 196/2003);

- se la richiesta e' rivolta ad una amministrazione pubblica, nel procedimento instaurato dall'istanza di accesso dovrebbe essere poi informato l'interessato, stimolando un "contraddittorio anticipato" che ponga in condizione quest'ultimo di esercitare i propri diritti ed eventualmente opporsi per motivi legittimi al trattamento delle informazioni che lo riguardano;

- i medesimi criteri devono essere seguiti nel caso in cui la richiesta di accesso o di comunicazione di dati sia formulata da un difensore che abbia ricevuto specifico incarico, anche ai sensi della normativa sulle investigazioni difensive (cosi' la *Nota* 10 dicembre 2003).

Il limite del "pari rango", ad ogni modo, non trova applicazione nel caso di accesso ai dati personali direttamente da parte dell'interessato e per il rilascio di copia della cartella clinica all'interessato medesimo o a persona da lui specificamente delegata (o ancora, in caso di decesso, a chi "ha un interesse proprio o agisce a tutela dell'interessato o per ragioni familiari meritevoli di protezione": art. 9, comma 3, d.lgs. n. 196/2003). Deve trattarsi comunque di un esercizio del diritto di accesso frutto di una libera determinazione da parte dell'interessato e non di una costrizione, come quella che potrebbe venire da una controparte piu' "forte", nel quadro ad esempio di un rapporto di lavoro o contrattuale.

Il Capo II del Titolo IV del Codice disciplina all'art. 61 l'utilizzazione di dati pubblici contenuti in registri ed albi professionali.

La disposizione intende i dati pubblici in una duplice accezione: pubblici perche' provenienti da enti pubblici, quindi in relazione alla loro provenienza, e pubblici quanto alloro contenuto, non coperto da riservatezza.

Il Garante, anche in questo caso, al pari di altre materie, promuove, ai sensi dell'art. 12, la sottoscrizione di un codice di deontologia e di buona condotta per il trattamento dei dati personali provenienti da archivi, registri, elenchi, atti o documenti tenuti da soggetti pubblici richiamando alla memoria quanto previsto dall'art. 20 del d.lgs. 467/2001 che ha introdotto nel nostro ordinamento i c.d. codici di condotta o di autoregolamentazione previsti per disciplinare il trattamento dei dati personali in determinati settori quali Internet, il marketing, il campo previdenziale, i sistemi informativi sulla scorta di un modello gia' sperimentato per il passato in altri campi, come quello giornalistico.

In tale codice dovrebbero anche essere esplicitati i casi in cui deve essere indicata la fonte di acquisizione dei dati e le garanzie appropriate per l'interconnessione di dati provenienti da piu' archivi 13. Come sappiamo e come gia' visto risulta quanto mai opportuno prevedere particolari garanzie per l'interconnessione dei dati, in relazione alla possibilita' di profilazione dell'utenza che ne puo' scaturire. L'insieme di piu' dati personali riguardanti un medesimo soggetto, infatti, non costituisce la semplice somma di essi, bensi' determina un plusvalore difficilmente quantificabile.

L'art. 61 disciplina, fra l'altro, il trattamento dei dati personali contenuti in albi professionali, in applicazione dei principi in materia di comunicazione e diffusione di dati da parte di soggetti pubblici (art. 19 commi 2 e 3), consentendone il trattamento anche mediante reti di comunicazione elettronica. Il riferimento deve qui essere inteso ai vari ordini professionali che inseriscono gli albi, con i nomi e i recapiti dei propri iscritti, *on line*.

Agli effetti dell'applicazione del Codice, infatti, i dati personali (diversi da quelli sensibili o giudiziari), che devono essere inseriti in un albo professionale in conformita' alla legge o ad un regolamento, possono essere comunicati a soggetti pubblici e privati o diffusi, ai sensi dell'art. 19 commi 2 e 3, anche mediante reti di comunicazione elettronica. Puo' essere altresi' menzionata l'esistenza di provvedimenti che dispongono la sospensione o che incidono sull'esercizio della professione. Questa clausola costituisce una disposizione di salvezza per i Consigli degli Ordini professionali, che in definitiva vengono legittimati alla comunicazione e diffusione dei dati inerenti i propri iscritti, senza alcun vincolo.[22]

L'ordine o collegio professionale puo', a richiesta della persona iscritta nell'albo che vi ha interesse, integrare i dati di cui al comma 2 con ulteriori dati pertinenti e non eccedenti in relazione all'attivita' professionale.

La disposizione, inoltre, ad integrazione di tali principi (specifica "copertura" normativa o perseguimento di finalita' istituzionali), fa salva la possibilita' che, a richiesta dell'interessato, siano inseriti nell'albo anche altri dati, purche' pertinenti rispetto all'attivita' professionale, o siano comunicate a terzi altre informazioni.

A richiesta dell'interessato l'ordine o collegio professionale puo' altresi' fornire a terzi notizie o informazioni relative, in particolare, a speciali qualificazioni professionali non menzionate nell'albo, ovvero alla disponibilita' ad assumere incarichi o a ricevere materiale informativo a carattere scientifico inerente anche a convegni o seminari.

Nel novero dei trattamenti in ambito pubblico cui e' dedicato il Titolo IV del T. U. sulla privacy, l'art. 62 contiene la disciplina dello specifico settore dei dati sensibili e giudiziari contenuti negli atti, nei registri dello stato civile, delle anagrafi e delle liste elettorali.

---

[22] AA.VV., *Codice in materia di protezione dei dati personali...op. cit.*

Poiche' l'art. 20 del T.U. stabilisce che il trattamento dei dati sensibili da parte degli enti pubblici e' possibile solo se autorizzato da una espressa previsione normativa che specifichi la tipologia di dati da trattare e le finalita' di rilevante interesse pubblico perseguite, il suo art. 62, riproducendo il dettato del d.lgs. n. 135 del 1999, dispone che si considerano di rilevante interesse pubblico la tenuta degli atti e dei registri dello stato civile, delle anagrafi e delle liste elettorali, con la precisazione e/o innovazione rispetto al d.lgs. citato, che vi sono ricomprese anche le finalita' relative al rilascio di documenti di riconoscimento e al cambiamento delle generalita'.

Il legislatore individua pertanto una serie di attivita' che hanno rilevante interesse pubblico e, in relazione ad esse, autorizza direttamente gli uffici interessati al trattamento dei dati sensibili e giudiziari ad esse connessi.

Ai sensi del combinato disposto degli artt. 20 e 22 richiamati, le operazioni che possono essere svolte sono solo quelle strettamente necessarie al perseguimento delle finalita' per le quali il trattamento e' consentito, cosi' come l'identificazione dei tipi di dati e di operazioni deve essere aggiornata e integrata periodicamente.

Devono inoltre essere rispettati i principi contenuti nell'art. 22 del T.U. stesso, primo fra tutti quello ai sensi del quale i dati idonei a rivelare lo stato di salute e la vita sessuale devono essere conservati separatamente da ogni altro dato personale trattato per finalita' che non richiedano il loro utilizzo, nonche' il principio che prescrive che debbano essere trattati con tecniche di cifratura o mediante l'utilizzo di codici identificativi che li rendano temporaneamente inintelligibili.

Gli uffici pubblici in tal modo autorizzati al trattamento dei dati sensibili nel rispetto degli artt. 20 e 21 del Codice della privacy acquistano celerita' e speditezza nel loro lavoro che, in mancanza, risulterebbe estremamente difficoltoso e complicato a fronte di continue richieste di consenso o di autorizzazione.

Si pensi infatti alle opinioni politiche emergenti dalle liste elettorali, alle convinzioni religiose o alle inclinazioni sessuali che si possono facilmente evincere dai registri dello stato civile o dai documenti rilasciati per il cambiamento di generalita' e il cui trattamento, in assenza di una tale previsione normativa, determinerebbe ogni volta complicanze e lungaggini di non facile soluzione.[23]

L'accesso agli archivi di Stato e' poi disciplinato dall'articolo 63 del Codice che si presenta, per la verita', con formulazione relativamente scarna, limitandosi ad affermare che gli atti dello stato civile conservati negli Archivi di Stato sono consultabili nei limiti previsti dall'art. 107 del d.lgs. 29 ottobre 1999, n. 49015.

Tale norma, in effetti, afferma che i documenti in esso contenuti sono liberamente consultabili, ad eccezione di quelli dichiarati di carattere riservato relativi alla politica estera o interna dello Stato, che diventano consultabili cinquanta anni dopo la loro data e di quelli riservati relativi a situazioni puramente private di persone, che lo diventano dopo settanta anni. I documenti dei processi penali sono consultabili settanta anni dopo la data di conclusione del procedi. mento.

Il secondo comma di questo articolo prosegue prevedendo che il Ministero dell'Interno, di concerto con il Ministero dei beni culturali puo' permettere, per motivi di studio, la consultazione di documenti di carattere riservato anche prima della scadenza dei termini precedentemente visti, ma ai fini di tale autorizzazione il Ministero dell'interno ha la facolta' di avvalersi del parere del competente comitato di settore del Consiglio Nazionale per i beni culturali e ambientali, in relazione al valore storico e culturale dei documenti riservati dei quali sia stata richiesta la consultazione.

I documenti di proprieta' dei privati, e da questi depositati, a qualunque titolo, anche per effetto di vendita o donazione, pegno o legato, negli archivi di Stato sono soggetti alla stessa disciplina sopra vista.

l depositanti a qualunque titolo possono tuttavia porre condizioni

---

[23] AA.VV., *Codice in materia di protezione dei dati personali... op. cit.*

di non consultabilita' di tutti o di parte dei documenti dell'ultimo settantennio. Tale limitazione, come pure quella generale non opera nei riguardi dei depositanti o di qualsiasi altra persona da questi designata. La limitazione non opera neppure nei confronti degli aventi causa dei depositanti, quando si tratti di documenti riguardanti oggetti patrimoniali ai quali siano interessati per i titolo di acquisto.

Dell'accesso agli archivi pubblici tratta peraltro anche l'Allegato A2 (codice di deontologia e di buona condotta per i trattamenti di dati personali per scopi storici) al Codice, che, all'art. 10 (Accesso agli archivi pubblici), prevede espressamente come tale attivita' sia del tutto libera, infatti, tutti gli utenti hanno diritto ad accedere agli archivi con eguali diritti e doveri. Tale articolo, per altro, riprende in maniera organica.

Fanno eccezione, ai sensi delle leggi vigenti, i documenti di carattere riservato relativi alla politica interna ed estera dello Stato che divengono consultabili cinquanta anni dopo la loro data e quelli contenenti i dati sensibili o giudiziari che divengono liberamente consultabili quaranta anni dopo la loro data.[24]

Il termine e' di settanta anni se i dati sono idonei a rivelare lo stato di salute o la vita sessuale oppure rapporti riservati di tipo familiare. L'autorizzazione alla consultazione di questi documenti, in particolare, puo' essere rilasciata prima della scadenza dei termini dal Ministro dell'Interno, previo parere del direttore dell'Archivio di Stato o del sovrintendente archivistico competenti e udita la Commissione per le questioni inerenti alla consultabilita' degli atti di archivio riservati istituita presso il Ministero dell'Interno, secondo la procedura dettata dagli artt. 8 e 9 del d.lgs. n. 281 del 1999.

In caso di richiesta di autorizzazione a consultare i documenti di cui al comma 2 prima della scadenza dei termini, l'utente presenta all'ente che li conserva un progetto di ricerca che, in relazione alle fonti riservate per le quali chiede l'autorizzazione, illustri le

---

[24] AA.VV., *Codice in materia di protezione dei dati personali... op. cit.*

finalita' della ricerca e le modalita' di diffusione dei dati. Il richiedente ha facolta' di presentare ogni altra documentazione utile.

L'autorizzazione alla consultazione e' rilasciata a parita' di condizioni ad ogni altro richiedente. La valutazione della parita' di condizioni avviene sulla base del progetto di ricerca.

L'autorizzazione alla consultazione dei documenti prima dello scadere dei termini, puo' contenere cautele volte a consentire la comunicazione dei dati senza ledere i diritti, le liberta' e la dignita' delle persone interessate.

Le cautele possono consistere anche, a seconda degli obiettivi della ricerca desumibili dal progetto, nell'obbligo di non diffondere i nomi delle persone, nell'uso delle sole iniziali dei nominativi degli interessati, nell'oscuramento dei nomi in una banca dati, nella sottrazione temporanea di singoli documenti dai fascicoli o nel divieto di riproduzione dei documenti. Particolare attenzione e' prestata al principio della pertinenza e all'indicazione di fatti o circostanze che possono rendere facilmente individuabili gli interessati.

L'autorizzazione e' personale e il titolare dell'autorizzazione non puo' delegare altri al conseguente trattamento dei dati. I documenti mantengono il loro carattere riservato e non possono essere ulteriormente utilizzati da altri soggetti senza la relativa autorizzazione.

La Parte II del Codice, al Capo IV del Titolo IV recepisce con qualche modifica ed integrazione, una serie di previsioni contenute originariamente nel Capo II del d.lgs. 11 maggio 1999, n. 135: con tale intervento si era inteso completare il disposto dell'art. 22 comma 3 della l. n. 675 del 1996, il quale richiedeva, per il trattamento dei dati sensibili da parte di soggetti pubblici l'autorizzazione di una espressa disposizione di legge nella quale venissero specificati i dati che potevano essere trattati, le operazioni eseguibili e le rilevanti finalita' di interesse pubblico perseguite.

Nonostante il d.lgs. n. 135 del 1999 avesse posto rimedio alla "...

pratica inesistenza ..." di tali puntuali disposizioni, i consensi non sono stati unanimi: e' stata criticata la conservazione della superata, rigida, distinzione tra pubblico e privato "... *basata sulla qualita' del soggetto agente invece che sulla funzione da esso espletata* ..." e la notevole attenuazione della tutela per il cittadino.[25]

La norma dell'art. 64 del Codice e' modellata sull'art. 7 del d.lgs. n. 135 dei 1999, che aveva risposto alle pressanti esigenze sorte negli ultimi anni con l'acuirsi delle problematiche legate ai flussi migratori, anche in considerazione del fatto che gli stessi immigrati e cittadini stranieri sono titolari del diritto alla riservatezza.

Individuate le finalita' che i trattamenti in esame debbono perseguire, l'art. 64 provvede, con il comma 2, a specificare quali trattamenti "in particolare" siano da considerare ammessi in relazione alle finalita' del comma 1, tenendo ben presente che i dati sensibili e giudiziari trattati devono risultare "indispensabili" nell'ambito delle stesse, e che non possono essere solo genericamente riconnessi alle finalita' individuate. L'art. 64 comma 2 letto *a* individua una prima serie di attivita', prevedendo peraltro alcune novita' rispetto al precedente art. 7 comma 3 lett. *a* del d.lgs. n. 135 dei 1999: viene eliminato il riferimento alla "tenuta di registri" e si aggiunge opportunamente il caso del "rinnovo" accanto a quello originario del "rilascio" di visti, permessi, autorizzazioni e documenti anche sanitari; le lettere *b* e *c* non presentano alcuna variazione rispetto alle corrispondenti lettere dell'art. 7 comma 3.

Il quadro normativo di riferimento in tema di immigrazione e' abbastanza complesso, ma si puo' tentare di individuare i casi di maggior rilievo in relazione alle previsioni dell'art. 64 del Codice: in particolare il testo unico in materia di immigrazione (d.lgs. 25 luglio 1998, n. 286) merita un'analisi approfondita, anche perche' molte delle voci citate alle letto *a-c* dell'art. 64 comma 2 trovano riferimenti al suo interno.

Per quanto concerne i visti di ingresso (art. 4) essi sono rilasciati

---

[25] AA.VV., *Codice in materia di protezione dei dati personali... op. cit.*

dalle rappresentanze diplomatiche o consolari italiane nello Stato di origine o di stabile residenza del soggetto, il quale deve dimostrare con idonea documentazione "*...lo scopo e le condizioni del soggiorno...la disponibilita' di mezzi di sussistenza sufficienti per la durata dello stesso e fatta eccezione per i permessi di soggiorno per motivi di lavoro, anche per il ritorno nel Paese di provenienza*": rileva in particolare il fatto che non possano essere ammessi in Italia gli stranieri considerati una minaccia per l'ordine pubblico o la sicurezza dello Stato o che risultino condannati per reati previsti dall'art. 380 commi 1 e 2 del c.p.p. ovvero per reati inerenti gli stupefacenti, la liberta' sessuale, il favoreggiamento dell'immigrazione clandestina verso l'Italia e dell'emigrazione clandestina dall'Italia verso altri Stati, o per reati diretti al reclutamento di persone da destinare alla prostituzione o allo sfruttamento della prostituzione o di minori da impiegare in attivita' illecite.[26]

I permessi di soggiorno (art. 5 comma 2) vengono richiesti al questore della provincia in cui lo straniero si trova e sono rilasciati per le attivita' previste dal visto di ingresso o dalle disposizioni vigenti, mentre il rinnovo deve essere chiesto a seconda dei casi almeno novanta, sessanta o trenta giorni prima della scadenza (art. 5 comma 4).

Anche la concessione della "carta di soggiorno" prevista dall'art. 8, che va richiesta al questore, comporta il trattamento di dati rilevanti *ex* art. 64 e in particolare di dati a carattere giudiziario.

Le misure di protezione temporanea cui fa riferimento l'art. 64 comma 2 lett. *b* del Codice possono essere disposte, in base all'art. 20 del testo unico in materia di immigrazione, anche in deroga alle disposizioni dello stesso, con decreto del Presidente del Consiglio dei ministri, in caso di "*... conflitti, disastri naturali o altri eventi di particolare gravita' in Paesi non appartenenti all'Unione Europea*".

Gli "obblighi dei datori di lavoro" sono invece specificamente considerati all'art. 22, nel quale si prevede che per instaurare un

---

[26] AA.VV., *Codice in materia di protezione dei dati personali...op. cit.*

rapporto di lavoro subordinato con soggetto straniero residente all'estero, il datore di lavoro debba presentare al competente sportello unico per l'immigrazione la documentazione richiesta dal comma 2 lett. *a*-d.

Ancora, nella relazione al Codice si rileva la necessita' di una lettura coordinata dell'art. 64 con le norme introdotte nel testo unico in materia di immigrazione dalla 1. 30 luglio 2002, n. 189 con specifico riferimento alla raccolta dei dati biometrici: in particolare lo straniero che chiede il permesso di soggiorno (art. 5 comma 2-*bis*) o ne chiede il rinnovo (art 5 comma 4-*bis*) e' ora sottoposto a rilievi fotodattiloscopici.

Rispetto al regolamento attuativo del testo unico (D.P.R. 31 agosto 1999, n. 394) il parere del Garante del 2 febbraio 1999 rilevava come varie disposizioni del relativo schema presupponessero il trattamento di dati sensibili "... *attinenti in particolare allo stato di salute* ...") e come fosse possibile che "al momento" le garanzie richieste a tal fine dall'art. 22 comma 3 della L n. 675 del 1996 non fossero ancora previste da norme di legge aventi le caratteristiche necessarie ai sensi dello stesso - il regolamento in esame risultava peraltro inidoneo in quanto fonte a carattere secondario. L'art. 64 del Codice ha ora risolto ogni questione.

Per quanto riguarda il comma 3 dell'art. 64 del Codice, esso ribadisce, con qualche integrazione, il contenuto dell'art. 7 comma 2 del d.lgs. n. 135 del 1999: questo faceva riferimento alla Convenzione di cui alla 1. 23 marzo 1998, n. 93, all'Accordo di cui all'art. 4 comma 1 lett. *a* della 1. n. 675 del 1996 (Accordo di adesione alla Convenzione di applicazione dell'Accordo di Schengen) e agli Accordi previsti dalla lett. *e* del medesimo articolo 46; il Codice non muta l'impostazione richiamando ora le lett. *a* e *b* dell'art. 154 comma 2, relative rispettivamente alla 1. 30 settembre 1993, n. 388, di ratifica ed esecuzione dei protocolli e degli accordi di adesione all'Accordo di Schengen e della relativa Convenzione di applicazione 47, e alla 1. 23 marzo 1998, n. 93, di ratifica ed esecuzione della convenzione europea istitutiva dell'Ufficio europeo di polizia oltre che ai trattamenti

specificamente previsti da espressa disposizione di legge
finalizzati alla difesa e sicurezza dello Stato o alla prevenzione,
accertamento o repressione dei reati: la *ratio* dell'esclusione e'
nell'esigenza, sancita in via normativa, di far prevalere gli interessi
perseguiti dalle citate Convenzioni e Accordi internazionali
rispetto al diritto alla riservatezza del singolo immigrato o
straniero che si trovi in Italia.[27]

Si segnalano poche altre pronunce del Garante rilevanti in materia,
comunque utili per comprendere la posizione dell'Autorita'
rispetto a questo delicato settore.

Nel parere del 4 dicembre 1997 il Garante si occupava del progetto
di costituzione di una banca dati di ambito locale relativa ad
immigrati extracomunitari, accessibile da parte di alcuni enti
pubblici ed organizzazioni di categoria: la natura sensibile di
alcuni dei dati inseriti (nazionalita', luogo dai nascita), derivante
dal fatto che gli stessi erano inseriti in un contesto riguardante i
soli immigrati extracomunitari, portava il Garante a richiamare
l'art. 22 comma 3 della 1. n. 675 del 1996 ed a esprimere, in assenza
di disposizioni di legge rilevanti ai fini della norma, parere di
segno sostanzialmente negativo.

Il successivo parere del 25 giugno 1999 prendeva in esame lo
schema di regolamento concernente i compiti del Comitato per i
minori stranieri: questo, in base al suddetto schema, avrebbe
raccolto e trattato dati funzionali alla tenuta dell'elenco dei minori
stranieri accolti nell'ambito di programmi di accoglienza
temporanea promossi da enti, associazioni o famiglie italiane o
affidati temporaneamente o rimpatriati, e al censimento dei minori
stranieri gia' presenti sul territorio italiano e "non accompagnati";
il Garante rilevava come tali attivita' rientrassero nell'art. 7 del
d.lgs. n. 135 del 1999, sottolineando l'opportunita' di provvedere,
con lo stesso regolamento e ai sensi dell'art. 22 comma 3*bis* della 1.
n. 675 del 199655, ad individuare tipi di dati ed operazioni
strettamente pertinenti e necessari in relazione agli scopi

---

[27] AA.VV., *Codice in materia di protezione dei dati personali ... op. cit.*

perseguiti.

Col parere del 20 marzo 2000 il Garante si e' infine pronunciato sullo schema di decreto attuativo dell'art. 15 comma 7 del D.P.R. 394 del 1999, in base al quale con decreto del Ministero dell'Interno dovevano essere determinate le modalita' di comunicazione – "..*anche per via telematica* ..." - dei dati concernenti cittadini stranieri tra uffici di anagrafe dei comuni, archivi dei lavoratori extracomunitari e archivi dei competenti organi centrali e periferici del Ministero dell'interno, nel rispetto degli artt. 9, 22 comma 3 e 27 della l. n. 675 del 199657: l'Autorita' chiedeva di chiarire se i flussi informativi disciplinati riguardassero solo gli archivi di cui all'art. 22 comma 7 del testo unico in materia di immigrazione o anche altri tipi di "trasmissioni" suggerendo di prevedere, oltre alla via telematica, la possibilita' di ricorrere al "supporto informatico" e si invitava ad espungere da un atto amministrativo come quello in esame norme concernenti aspetti gia' regolati da norme di legge in tema di anagrafe.

L'art. 65 adotta la medesima tecnica normativa della disposizione che lo precede, individuando al primo comma le "finalita' di rilevante interesse pubblico" dispiegando poi, nei commi successivi, un' elencazione di attivita' rientranti in tale ambito: anche in questo caso la dottrina evidenzia come l'utilizzo del termine "in particolare" sia indicativo della natura esemplificativa e non tassativa del catalogo in esso contenuta. Il precedente della disposizione in esame e' costituito dall'art. 8 del d.lgs. n. 135 del 1999.

Dall'analisi delle varie attivita' considerate dalla norma emerge chiaramente come i dati maggiormente coinvolti siano quelli a carattere giudiziario definiti dall'art. 21 e, per quanto attiene ai dati sensibili, principalmente quelli idonei a rivelare l'appartenenza politica dell'interessato.

Tra le finalita' previste dal comma 1 lett. *a*, in materia di elettorato attivo si possono citare esempi importanti come quello dell'approntamento delle liste elettorali e della predisposizione e distribuzione dei certificati elettorali, mentre in tema di elettorato

116

passivo si fa riferimento in particolare alla raccolta ed esibizione dei documenti necessari per poter presentare le liste dei candidati. L'innovativo riferimento alla tenuta degli elenchi del giudici popolari recepisce invece le indicazioni fornite dal Garante in un propria pronuncia del 2001. Nella specie un Comune aveva chiesto l'autorizzazione al trattamento da parte del Garante, ritenendo di non poter effettuare, alla luce della normativa vigente, il trattamento di dati giudiziari necessari per la predisposizione e l'aggiornamento degli elenchi dei giudici popolari: tra i dati richiesti rientrano infatti oltre alla cittadinanza, al titolo di studio e all'eta', anche quelli relativi alla "buona condotta morale" e al pieno godimento dei diritti civili e politici, che viene accertato ("... *attraverso l'acquisizione d'ufficio della certificazione penale che ... consentira' di valutare l'eventuale esistenza di motivi di carattere giudiziario che limitino o escludano tale diritto, determinando il rigetto della richiesta di inserimento o la cancellazione di chi e' gia' iscritto negli elenchi"*). Il Garante propose una soluzione innovativa: rilevato che ne' il d.lgs. n. 135 del 1999 ne' alcuna delle proprie autorizzazioni generali menzionavano specificamente tale attivita', ritenne che essa potesse in ogni caso rientrare nell'ambito dell'art. 8 del d.lgs. n. 135 del 1999 (e in particolare nella categoria dell' "accertamento delle cause di ineleggibilita', incompatibilita' o rimozione da cariche pubbliche"), in quanto la l. n. 287 del 1951 parificava a tutti gli effetti ufficio di giudice popolare ed esercizio di funzioni pubbliche elettive.[28]

Come detto, il comma 2 dell'art. 65 provvede a specificare le previsioni del comma 1 individuando una serie di attivita', anzi di *specifici compiti* previsti da leggi o regolamenti rispetto ai quali sono consentiti i trattamenti dei dati sensibili e giudiziari per le finalita' di cui al comma 1.

Rispetto alla vasta categoria prevista dalla lett. *a* va ricordato il parere reso dal Garante il 17 novembre 1999 relativamente allo schema di regolamento istitutivo della tessera elettorale "... *a*

---

[28] AA.VV., *Codice in materia di protezione dei dati personali...op. cit.*

carattere permanente, destinata a svolgere, per tutte le consultazioni, la stessa funzione del certificato elettorale ..." e *"... idonea a certificare l'avvenuta partecipazione al voto"*.

Il Garante manifesto' tutte le proprie perplessita' riguardo al rischio che l'indicazione, e ancor piu' la *mancata* indicazione, della partecipazione al voto potesse divenire *"... strumento idoneo a rivelare il comportamento elettorale del soggetto, che in alcuni casi puo' essere indicativo anche dell'orientamento politico dell'interessato"* - in particolare rispetto ai referendum, *"... spesso proposti da un particolare schieramento politico, in relazione ai quali la partecipazione alla consultazione o, viceversa, l'astensione dal voto, possono essere indicative della condivisione o meno dello specifico progetto politico"*. L'Autorita' suggeriva di accelerare l'introduzione della piu' "sicura" tessera elettorale elettronica e l'adozione di misure tese a separare nettamente dati identificativi dell'elettore e certificazione dell'avvenuta partecipazione alla consultazione; si manifestavano infine dubbi in relazione al rispetto del principio di pertinenza, riguardo all'inserimento nella tessera del codice fiscale dell'elettore, indicandosi possibili cautele, come l'adozione di plichi chiusi, in caso di consegna della tessera a persona diversa dal diretto interessato: quest'ultima indicazione e' stata recepita all'art. 3 comma 1 del conseguente D.P.R. 8 settembre 2000, n. 299; inoltre l'art. 5 del regolamento e' precisamente dedicato alla *Protezione dei dati personali*.

Mentre il comma 2 dell'art. 65 fa in generale riferimento al "trattamento di dati", il comma 3 limita il proprio ambito alla "diffusione" di dati sensibili e giudiziari per le finalita' previste dal comma 1 lett. *a:* in relazione alle attivita' in essa considerate vanno citate varie pronunce del Garante.

La risposta del 20 aprile 1998 si concentra in particolare sull'applicaziane dell'art. 51 del D.P.R. 20 marzo 1967, n. 223, che consentiva a chiunque di *"...copiare, stampare o mettere in vendita le liste elettorali del Comune"* (comma 5) prevedendo inoltre che *.gli atti relativi alla revisione semestrale delle liste elettorali sono sempre ostensibili a chiunque"* (comma 1). Il Garante osservava che la

raccolta e la diffusione dei dati contenuti nelle liste elettorali
"...non lede di *per* se' *stessa la sfera privata dei cittadini"* citando in
particolare una circolare del Ministero dell'Interno.

Il parere del 9 giugno 1999 rispose al quesito se, ai sensi dell'art. 8
comma 4 del d.lgs. n. 135 del 1999 (riprodotto nel comma 3
dell'art. 65), fosse consentito il rilascio dell'elenco dei sottoscrittori
di un lista elettorale ed eventualmente a quali condizioni.
L'Autorita' evidenziava come il d.lgs. n. 135 del 1999 non avesse
contraddetto la 1. n. 675 del 1996, e in particolare l'art. 22 comma 3
relativo al trattamento di dati sensibili da parte di soggetti
pubblici, rilevando come l'art. 8 comma 4 del d.lgs. 135 del 1999
non avesse ampliato *"...la gamma di operazioni eseguibili rispetto alla
normativa di settore, in quanto a norma dei commi 1 e 3 del medesimo
articolo, nell'ambito delle attivita' in materia di elettorato e altri diritti
politici sono consentiti solo i trattamenti finalizzati all'esecuzione di
specifici compiti previsti da leggi* o *regolamenti";* il Garante
aggiungeva pero' che tra tali compiti erano certamente compresi
quelli relativi alla comunicazione di dati in possesso della P.A. a
determinati soggetti ai sensi dell'art. 22 della 1. 7 agosto 1990, n.
241, concludendo che in considerazione dell'esigenza di rispettare
i principi di pertinenza e finalita' era da considerare legittimo il
rilascio, da parte delle Commissioni elettorali circondariali, dell'
elenco dei sottoscrittori delle liste elettorali *"... esclusivamente a
soggetti che intendano servirsene per l'esercizio dei diritti politici, come
nel caso che la richiesta pervenga da candidati appartenenti a liste
concorrenti".*

Nella risposta del 4 aprile 2001 il Garante precisava che
l'accessibilita', da parte di singoli consiglieri regionali, delle liste
elettorali relative a precedenti elezioni regionali, affermata in un
proprio non meglio specificato precedente provvedimento, era
riferita unicamente alle liste elettorali generali e sezionali,
comprendenti l'elenco dei cittadini iscritti nel comune aventi
diritto di voto e conservate presso i competenti uffici comunali.

Il comma 4 dell'art. 65 torna a parlare piu' in generale di
"trattamento" di dati sensibili e giudiziari ed individua alle lett. *a* e

b due particolari ambiti, quello della documentazione dell'attivita' di vari organi pubblici, e quello legato alle funzioni di controllo svolte da singoli componenti di organi elettivi. In relazione alla norma della lett. *a* vanno segnalate due pronunce del Garante. Il parere del 2 agosto 1999, reso su sollecitazione del Presidente del Consiglio universitario nazionale si soffermava sulla prassi, seguita da alcuni membri di tale organo, di redigere resoconti "... *dichiaratamente non ufficiali* ..." dei lavori, contenenti dati identificativi personali, diffondendoli poi via *e-mail* e via *Internet* e rinviando ai documenti e ai verbali ufficiali presenti sul sito del Cun per informazioni piu' attendibili. Il trattamento di dati personali legato ai resoconti non ufficiali non richiedeva consenso e autorizzazione rientrando tra quei "...*trattamenti temporanei finalizzati alla pubblicazione occasionale* di *articoli, saggi* ed *altre manifestazioni del pensiero* ..." cui si applicava il regime dell'attivita' giornalistica; rispetto alla pubblicazione dei resoconti ufficiali, l'Autorita' ricordava come il trattamento dei dati sensibili in essi contenuti risultasse "... *espressamente autorizzato in quanto il d.lgs. n.* 135/1999 *ha riconosciuto la rilevanza a livello di interesse pubblico delle attivita' dirette all'applicazione della disciplina in materia di documentazione dell'attivita' istituzionale di organi pubblici* ..." - con specifico riferimento all'art. 8 comma 5 lett. *a,* ora recepito nel comma 4 lett. *a* dell'art. 65 del Codice.[29]

Nella risposta del 2 settembre 1999, in tema di rapporto tra regime di pubblicita' delle deliberazioni comunali e norme in materia di *privacy,* si rilevava che il trattamento da parte delle amministrazioni comunali dei dati in esse contenuti, anche se sensibili, risultava per piu' versi espressamente autorizzato dal d.lgs. n. 135 del 1999: tra le varie disposizioni cui si faceva riferimento vi era anche il citato art. 8 comma 5 lett. *a.*

Con la pronuncia dell'8 febbraio 2001 il Garante rispondeva ad un quesito concernente la possibilita', per singoli consiglieri comunali, di accedere a dati personali in possesso

---

[29] AA.VV., *Codice in materia di protezione dei dati personali... op. cit.*

dell'amministrazione comunale relativi a soggetti affetti da Aids o Hiv: la risposta era affermativa, ma solo in relazione alle circostanze individuate dall'art. 8 comma 5 lett. *b* del d.lgs. n. 135 del 1999 (*...trattamento di dati sensibili ... effettuato da soggetti pubblici ... strettamente necessario allo svolgimento della funzione di controllo, di indirizzo politico e di sindacato ispettivo e di altre forme di accesso a documenti riconosciute dalla legge e dai regolamenti degli organi interessati, per consentire l'espletamento di un mandato elettivo*") e nel rispetto delle garanzie sancite dalla 1. 5 giugno 1990, n. 135.

Il comma 5, come detto, costituisce espressione, nel settore in esame, del principio di pertinenza e pone un principio riproposto anche dall'ultimo comma dell'art. 68 in materia di benefici economici ed abilitazioni; nel caso dell'art. 65 la tutela e' comunque rafforzata dal riferimento esteso alla comunicazione e non limitato alla sola diffusione: in base alla norma in esame i dati sensibili e giudiziari trattati per le finalita' di cui al comma 1 possono essere comunicati e diffusi nelle forme previste dai rispettivi ordinamenti ma non ne e' consentita la divulgazione qualora essi non risultino indispensabili per assicurare il rispetto del principio di pubblicita' dell'attivita' istituzionale, fermo il divieto di diffusione dei dati idonei a rivelare lo stato di salute.

Rispetto a questa previsione va ricordata una recente pronuncia, che ha dichiarato legittimo l'accesso, da parte di un elettore che intendeva accertarsi della regolarita' delle operazioni elettorali, a documenti amministrativi riguardanti la presentazione delle liste di candidati. Nonostante tali liste possano contenere dati sensibili suscettibili di rivelare le convinzioni politiche dei sottoscrittori, il Garante ritiene, in applicazione dell'art. 22 commi 3 e 3-*bis* della 1. n. 675 del 1996 e dell'art. 8 commi 4 e 6 del d.lgs. n. 135 del 1999, che la comunicazione di tali dati possa considerarsi lecita: la prima disposizione consentiva alle varie p.a. la comunicazione di dati sensibili a terzi, se necessaria per date finalita' di interesse pubblico, e l'art. 8 del d.lgs. n. 135 del 1999 considera tra queste quelle relative "*... all'applicazione della disciplina in materia di elettorato attivo e passivo e di esercizio di altri diritti politici*"); piu' in particolare la norma dell'art. 8 comma 6 e' proprio quella ora contenuta nel comma 5 dell'art. 65 del Codice.

L'art. 66 disciplina poi i trattamenti di dati sensibili e giudiziari legati alla "materia tributaria e doganale": con il primo termine si intende far riferimento in particolare alla materia attinente all'imposizione delle entrate tributarie, cioe' di quelle entrate pubbliche che consentono allo Stato di acquisire i mezzi finanziari per soddisfare i bisogni pubblici e che sono caratterizzate dalla coattivita', cioe' dall'esercizio da parte dello Stato della potesta' di imperio per ottenerne la prestazione, mentre l'ambito doganale copre le attivita' attinenti alla riscossione dei diritti doganali e all'applicazione della fiscalita' interna agli scambi internazionali, alla gestione delle accise, nonche' alla conduzione dei laboratori chimici delle dogane, che eseguono controlli analitici anche per finalita' diverse da quelle fiscali.

La norma in esame ribadisce quanto gia' previsto dall'art. 10 del d.lgs. n. 135/99 e rimanda ad un complesso di attivita' riconducibili a competenza a carattere privatistico o pubblicistico degli operatori tributari. L'art. 10, come si rilevava dalla relazione governativa, accoglieva, infatti, una formula "intermedia", citando soggetti pubblici, ma considerando anche l'eventualita' che questi si servissero di concessionari nell'applicazione delle norme tributarie. Sono invece esclusi dall'ambito della disposizione gli intermediari che devono trattare i dati sensibili e comunicarli all'amministrazione finanziaria o ad altri intermediari, che saranno pertanto tenuti ad ottenere il consenso degli interessati.

La ratio dell'art. 66 e' facilmente intuibile: norme come quelle che consentono all'Amministrazione finanziaria di raccogliere nell'ambito dell'attivita' di accertamento fiscale dati comuni e sensibili dei contribuenti, conservati in varie banche dati gestite da soggetti pubblici o da altri soggetti che operino per conto di questi ultimi anche mediante collegamenti ed interconnessioni telematiche hanno soprattutto l'obiettivo di facilitare il contribuente, alleggerendolo da una serie di obblighi di conservazione della documentazione fiscale e norme

122

eccessivamente restrittive rispetto al trattamento dei dati personali ne minerebbero l'efficacia.

Un aspetto davvero problematico e' rappresentato dalla novita' introdotta dall'art. 7 del d.lgs. n. 241 del 9 luglio 1997 in base al quale le dichiarazioni dei redditi non vanno piu' presentate direttamente al Ministero delle Finanze ma inoltrate ad esso telematicamente da banche o uffici postali convenzionati o tramite Caf, associazioni di categoria e professionisti (commercialisti, periti commerciali, consulenti del lavoro). Tale disposizione ha, difatti, posto il problema dell'inserimento di soggetti intermediari privati nel rapporto tra contribuente e Amministrazione finanziaria.

In merito interessante e' la pronuncia del Garante del 29 dicembre 1997 relativa alla proposta normativa volta ad esonerare le banche dall'obbligo di richiedere il consenso degli interessati nel caso si avvalgano di soggetti esterni per ricevere le dichiarazioni fiscali e contributive da presentare al Ministero delle Finanze. Secondo il Garante tale innovazione non risultava necessaria, in quanto banche, Poste italiane ed altri intermediari incaricati della trasmissione delle dichiarazioni non devono richiedere il consenso qualora trattino dati personali in esecuzione di un rapporto contrattuale, ne' lo era rispetto all'invio delle dichiarazioni al Ministero, effettuato in esecuzione di un preciso obbligo contrattuale.

Sull'argomento si annoverano altre interessanti pronunce del Garante come il parere reso il 26 novembre 1998 relativo allo schema di convenzione per la riscossione delle tasse automobilistiche tra Ministero delle Finanze e Poste italiane Spa dove si evidenziava la necessita' di una maggiore precisione chiedendosi in particolare di chiarire che le Poste italiane Spa in qualita' di autonomo titolare del trattamento, avrebbero potuto utilizzare i dati per i soli fini stabiliti dalla normativa di riferimento e dalla convenzione stessa, potendosi avvalere di soggetti esterni nel rispetto di quanto previsto dalla l. n. 675 del 1996.

Interessante e' anche il parere reso dall'Autorita' il 16 giugno 1999 relativo allo schema di decreto sulle facolta' di accesso agli uffici pubblici, e in particolare all'anagrafe tributaria, da parte dei concessionari di servizi di riscossione che contiene un'annotazione utile ai fini dell'interpretazione dell'art. 66. Nel parere, infatti, e' chiarito che i concessionari assumono la veste di semplici collaboratori esterni al soggetto pubblico qualora coadiuvino l'amministrazione trattando dati personali anche al di fuori della relativa struttura, ma nell'ambito di un'attivita' che ricade nella sfera di titolarita' e di responsabilita' dell'amministrazione stessa, ma possono anche costituire figure soggettive del tutto distinte dall'amministrazione che decidono autonomamente in ordine al trattamento delle informazioni e si assumono, in concreto, ogni responsabilita' in proposito. In questo secondo caso i concessionari non sono soggetti pubblici inseriti nella struttura pubblica, ma privati che devono operare in base alle regole dettate per i soggetti privati e gli enti pubblici economici e la norma dell'art. 66 non sara' ad essi applicabile.

La giurisprudenza del Garante in materia tributaria si caratterizza in ogni caso per un certo rigore: nella stessa relazione per l'anno 2002 l'Autorita' ha ricordato la propria rigorosa linea interpretativa rispetto all'utilizzo di dati sensibili per finalita' di lotta all'evasione fiscale sottolineando come sia propria intenzione continuare a proseguire su tale linea anche per evitare violazioni del fondamentale principio dell'uguaglianza fra i cittadini.

Questa rigorosita' si evince da alcune pronunce del Garante fra cui quella del 26 maggio 1998 in cui l'Autorita' si e' occupata della conformita' alla legge 675/96 della procedura adottata per il modello "Unico 98": il Garante ritenne inadeguata la soluzione tecnica adottata, in quanto la busta contenente il modello recava un'ampia finestra non protetta da pellicola trasparente che permetteva a chiunque avesse maneggiato la busta di prendere facilmente visione dell'intero frontespizio della dichiarazione e dei dati personali in essa riportati. L'esigenza di apporre un numero di protocollo e la data di presentazione sulla dichiarazione, con cui era stata giustificata l'adozione di tale tipo di busta, poteva essere soddisfatta a giudizio del Garante con soluzioni diverse e gia' in uso corrente.

A partire dal 1999 si e' comunque registrato un progressivo miglioramento delle misure di sicurezza relative ai dati sensibili contenuti nelle dichiarazioni dei redditi: tra queste si citano in particolare l'inserimento dell'informativa nelle istruzioni per la compilazione, la precisazione che la firma apposta in uno dei riquadri concernenti l'8 o il 4 per mille ha valore di prestazione di consenso al trattamento, l'eliminazione dal primo foglio del modello di tutti i dati personali visibili dalla "finestra" che figura sulla busta.

Anche il Garante nel parere del 3 febbraio 2000 approvava le modifiche apportate ai modelli 730, 770, Cud e Unico per l'anno 2000, in particolare rispetto all'inserimento del testo completo dell'informativa nelle istruzioni in appendice lasciando ad una nota sintetica sul frontespizio il compito di fornire una prima informazione e di operare il necessario rinvio.

Il carattere di rilevante interesse pubblico delle finalita' considerate all'art. 67 del Codice deriva dall'art. 97 della Costituzione, in base al cui comma 1 "*i pubblici uffici sono organizzati secondo disposizioni di legge, in modo che siano assicurati il buon andamento e l'imparzialita' dell'amministrazione*": si puo', quindi, dire che l'opzione del legislatore gia' operata con l'art. 11 del d.lgs. n. 135/99, risultasse praticamente obbligata, tenendo conto che le attivita' di controllo ed ispettive sono poste a tutela del pieno rispetto di questo rilevante principio di rango costituzionale.

Il comma 1 dell'art. 67 fa riferimento ad una serie di principi-cardine dell'amministrazione pubblica: legittimita', buon andamento, imparzialita' dell'azione amministrativa, rispondenza della stessa a criteri di razionalita', economicita', efficienza, efficacia. Come e' noto per legittimita' dell'attivita' amministrativa si intende l'esigenza che essa risponda alle prescrizioni della legge; il buon andamento dell'amministrazione viene fatto coincidere con il coordinamento ottimale del complesso di rapporti tra i poteri pubblici operato nell'esercizio della funzione di indirizzo (governativo), o con una valutazione complessiva dell'azione amministrativa; l'imparzialita' dell'azione amministrativa trova varie interpretazioni: di volta in volta se ne e' individuato il nucleo nella necessita' che la P.A. svolga i propri compiti nel pieno rispetto della giustizia sostanziale, nel divieto di disparita' di trattamento, nella necessita' di procedimentalizzazione dell'azione amministrativa, nell'esigenza di contemperamento di tutti gli interessi toccati dall'esercizio della discrezionalita' amministrativa; la razionalita', economicita', efficienza ed efficacia vengono fatti confluire nel piu' generale principio di buona amministrazione: in particolare l'efficacia fa riferimento al raffronto tra risultati ottenuti ed obiettivi programmati, mentre l'efficienza mette in relazione le risorse impiegate ed i risultati conseguiti.

Quanto alle attivita' considerate dall'art. 67 comma 1 la dottrina distingue tra attivita' di controllo della regolarita' dell'azione amministrativa (principi di legittimita', buon andamento e imparzialita' dell'azione amministrativa), le quali possono essere svolte da strutture di controllo esterne specialistiche o anche da particolari organi inseriti nel settore amministrativo interessato; attivita' di controllo della gestione, dirette sostanzialmente a garantire il rispetto dei principi di efficacia ed efficienza dell'azione amministrativa, consentendo le dovute correzioni alle modalita' operative adottate dall'amministrazione interessata dal controllo e accertamenti ispettivi. Per quanto riguarda questi ultimi, essi non trovano un'espressa definizione normativa: in dottrina si definisce l'attivita' ispettiva come *sub-procedimento amministrativo istruttorio articolato in atti giuridici ed operazioni non cadenzati da una rigida sequenza temporale, caratterizzato, sulla base di una potesta' espressamente riconosciuta dall'ordinamento a tutela di specifici interessi primari, da incisive finalita' acquisitive e di controllo autoritativo su fatti ed atti posti in essere da soggetti appartenenti all'amministrazione procedente e finalizzato ad acquisire elementi valutativi, di fatto e di diritto, di regola confluenti in un piu' ampio*

126

procedimento amministrativo, che culmina con l'adozione di ulteriori atti di rilevanza esterna, dell'amministrazione attiva (TENORE).

Come interventi del Garante si segnala in merito alle attivita' di cui al comma 1 lett. a un parere del 30 novembre 1999 che fa espresso riferimento all'art. 11 del d.lgs. 135/99 in merito al caso di un titolare di uno studio medico che aveva opposto un rifiuto per violazione di privacy ad una Asl che stava svolgendo accertamenti rispetto a studi medici privati al fine di verificare il rispetto delle norme in materia di incompatibilita' all'esercizio dell'attivita' medica.

Rispetto agli atti di controllo o sindacato previsti dalla lett. b vanno citate due pronunce. Il Garante e' stato interpellato dalla Segreteria generale della Regione Sicilia sulla compatibilita' con la normativa sulla privacy di una norma regionale che prevedeva l'obbligo, per amministrazioni ed enti pubblici regionali di comunicare alla Presidenza della Regione gli incarichi attribuiti ed i compensi corrisposti nell'anno precedente a ciascun componente privato e pubblico di commissioni, comitati, consigli e collegi comunque denominati: la risposta dell'Autorita' data 30 marzo 1998 basava la legittimita' del trattamento sulle norme poste a tutela della trasparenza dell'attivita' amministrativa e sulla sua strumentalita' alle funzioni istituzionali dell'organo.

Nel caso affrontato dal parere dell'8 giugno 1999 ci si chiedeva se un consigliere comunale per l'espletamento dei compiti connessi con il suo mandato potesse accedere ai dati personali contenuti nei cedolini degli stipendi dei dirigenti dell'amministrazione comunale. Il Garante forniva un parere negativo ricordando che gia' in precedenti provvedimenti aveva rilevato la possibilita' di estendere a livello locale l'applicazione del regime di pubblicita' della situazione patrimoniale di determinate cariche elettive e direttive aggiungendo pero' che tali norme non facevano sorgere l'obbligo di pubblicare tali dati, ne' comportavano il diritto di conoscere il contenuto dei cedolini dello stipendio nei quali possono essere contenute informazioni delicate (multe disciplinari, pignoramenti per alimenti o tasse, cessioni di stipendio) alcune

127

aventi anche natura sensibile (sussidi di cura, indennita' di missione handicappati, iscrizione al sindacato).

L'art. 68 del Codice per la protezione dei dati personali trova il proprio precedente nell'art. 13 del d.lgs. n. 135/99, anche se sono da rilevare alcune integrazioni; in particolare, di grande rilievo e' il principio aggiunto in coda al comma 3: la diffusione di dati indispensabile alla trasparenza delle attivita' regolate dall'art. 68 incontra il rigoroso limite del divieto di diffusione dei dati idonei a rivelare lo stato di salute.

La tecnica normativa prescelta dalla norma e' la medesima degli artt. 64 e 65: una prima parte genericamente dedicata alle finalita' di rilevante interesse pubblico riguardanti un determinato ambito, una seconda parte in cui si fa riferimento in chiave esemplificativa ad una serie di attivita' connesse alle finalita' individuate.

Rispetto al comma 1 va rilevato che il nostro ordinamento prevede, in materia di concessione da parte della P.A. di sovvenzioni, contributi, sussidi e benefici analoghi, due importanti criteri-guida, entrambi connessi al piu' generale principio di trasparenza dell'attivita' amministrativa: predeterminazione e pubblicita', ad opera delle amministrazioni coinvolte nelle forme previste dai propri ordinamenti, dei criteri e delle modalita' di concessione con obbligo di esplicitare nei relativi provvedimenti l'applicazione dei criteri e delle modalita' di concessione e istituzione in ciascuna amministrazione di un albo, liberamente consultabile da parte della cittadinanza, relativo ai beneficiari di provvidenze di natura economica.

Il comma 2 contiene, come detto, una dettagliata elencazione delle attivita' connesse alla concessione dei benefici economici ed abilitazioni di cui alla rubrica dell'art. 68.

Particolarmente interessante e' la limitazione posta dall'art. 68 comma 3 specialmente avuto riferimento a diverse pronunce del Garante tra cui quella del 15 luglio 1999, relativa alla prassi seguita dai medici Asl incaricati dal tribunale per i minorenni di sottoporre le persone che abbiano fatto domanda di adozione ad indagini sanitarie, di riportare nella relazione medica conclusiva i

128

risultati di tutti gli esami clinici svolti, compresa l'eventuale diagnosi di infezione da Hiv: tali relazioni sono previste dall'art. 22 commi 3 e 4 della 1. 4 maggio 1983, n. 184 in materia di adozione e affidamento dei minori, e possono essere disposte dal tribunale per i minorenni ai fini della valutazione dell'idoneita' all'adozione, in particolare in funzione dell'affidamento preadottivo.

Il Garante rileva come la trasmissione in esame non risulti conforme agli artt. 5 commi 1 e 4 della 1. 5 giugno 1990, n. 135 (*gli operatori sanitari che, nell'esercizio della loro professione, vengano a conoscenza di un caso di Aids, ovvero di Hiv* sono tenuti ad *adottare tutte le misure occorrenti per la tutela della* riservatezza e a comunicare i risultati degli accertamenti diagnostici, diretti o indiretti, *esclusivamente alla persona cui tali esami sono riferiti*) oltre che alla norma di garanzia del comma 3 (*nessuno puo' essere sottoposto, senza consenso, ad analisi tendenti ad accertare l'infezione da Hiv salvo che per motivi di necessita' clinica e nel proprio interesse*).

Al fine di consentire il regolare svolgimento delle procedure in materia di adozione il Garante suggerisce di comunicare il risultato diagnostico direttamente ed esclusivamente all'interessato trasmettendo al tribunale una relazione medica *da cui si evinca un giudizio complessivo circa la sussistenza di eventuali condizioni di rischio o patologiche che possono minacciare l'interesse del minore*; in alternativa si propone di consentire che ciascun coniuge, informato dal medico sulle proprie condizioni di salute, provveda personalmente a produrre la documentazione al tribunale dei minorenni.

Analoghe considerazioni sono svolte nelle pronuncia del 27 febbraio 2002 relativa alla vicenda di un'insegnante elementare che aveva ottenuto il trasferimento ad altro istituto fruendo dei benefici della 1. 5 febbraio 1992, n. 104 (*Legge-quadro per l'assistenza, l'Integrazione sociale e i diritti delle persone handicappate*): la ricorrente aveva visto apporre, accanto al proprio nominativo, nella graduatoria delle domande di mobilita' affissa nella bacheca del Provveditorato agli studi, in luogo di un "... *sintetico riferimento all'art.* 21 *della citata legge* ...", un esplicito riferimento al proprio *status* di portatore di handicap. Il Garante inquadrava il caso nell'ambito della diffusione di dati sensibili (dati idonei a rivelare lo stato di salute), e sanciva l'illegittimita' della prassi. Venivano respinte le argomentazioni dell'amministrazione scolastica, che faceva riferimento a generiche esigenze di diffusione e pubblicita' dei dati relativi alle liste di mobilita' sulla base di accordi sindacali e ordinanze ministeriali, in quanto essi prevedevano unicamente l'affissione del punteggio complessivo e delle eventuali precedenze, senza la menzione delle condizioni di salute su cui tali precedenze erano basate.

Una recente risposta a quesito da parte del Garante (newsletter 31 marzo-6 aprile 2003) si concentra infine sulla questione se i dati della graduatoria dei nuclei familiari sottoposti a sfratto esecutivo i quali, presentando componenti con eta' superiore ai 65 anni o disabili gravi, beneficiano di aiuti economici per la locazione di immobili, possano essere comunicati indiscriminatamente all'esterno dall'amministrazione comunale. Secondo il Garante tale operazione contrasta non solo con il generale divieto di diffondere dati idonei a rivelare lo stato di salute dell'interessato, ma anche con quello specificamente previsto dall'art. 13 del d.1gs. n. 135 del 1999, ora inserito nell'art. 68 comma 3 del Codice.

L'art. 69 del Codice riproduce l'art. 14 del d.lgs. n. 135/99 prevedendo tra le finalita' di rilevante interesse pubblico disciplinate dagli artt. 20 e 21 del codice quelle di applicazione della disciplina in materia di conferimento di onorificenze e ricompense, di riconoscimento della personalita' giuridica di associazioni, fondazioni ed enti, anche di culto, di accertamento dei requisiti di onorabilita' e di professionalita' per le nomine, per i profili di competenza del soggetto pubblico, ad uffici anche di culto e a cariche direttive di persone giuridiche, imprese e di istituzioni scolastiche non statali, nonche' di rilascio e revoca di autorizzazioni o abilitazioni, di concessione di patrocini, patronati e premi di rappresentanza, di adesione a comitati d'onore e di ammissione a cerimonie ed incontri istituzionali.

Tra gli interventi del Garante si segnala rispetto ai trattamenti
legati al conferimento di onorificenze un parere del 14 gennaio
1999 relativo all'interpretazione della l. 15 maggio 1986, n. 194
(Norme sull'ordine cavalleresco al Merito del Lavoro) ma
contenente annotazioni valide per ogni altro riconoscimento
analogo. Riguardo ai dati raccolti in avvio di istruttoria per il
conferimento dell'onorificenza, il Garante sottolineava
l'irrilevanza del consenso al trattamento, fermo l'obbligo di
rendere un'informativa (anche orale) agli interessati. Rispetto alla
prassi di richiedere una certificazione prefettizia attestante
l'insussistenza di inchieste giudiziarie o misure preventive rispetto
ad atti di delinquenza a carattere mafioso o comunque di
particolare pericolosita' sociale a carico del candidato, rilevata la
necessita' di una comunicazione al Garante, se ne affermava la
legittimita', in quanto strumentale a funzioni istituzionalmente
attribuite al Ministero competente dalla stessa l. n. 194 del 1986.

Rispetto a trattamenti connessi ai casi di accertamento dei requisiti
di onorabilita' e professionalita' si segnala il parere del Garante
del 10 febbraio 1998 relativo all'applicazione di alcune
disposizioni della normativa sulla privacy all'Isvap: tra le
questioni affrontate, vi era quella del trattamento dei dati
necessari all'accertamento dei requisiti di onorabilita' e
professionalita' richiesti per esponenti aziendali ed azionisti delle
imprese di assicurazione sottoposte al controllo dell'Istituto. L'art.
5 del d.m. n. 186 del 24 aprile 1997 del Ministero dell'Industria
richiedeva a tal fine la produzione del certificato del casellario
giudiziale relativo all'interessato naturalmente sottoposto alla
disciplina dei dati giudiziari. Il citato regolamento ministeriale
non poteva pero', secondo il Garante, essere considerato fonte
idonea a tal fine, essendo necessarie disposizioni di rango
primario.

In tema di abilitazioni, infine, v'e' da citare la risposta del Garante
del 4 marzo 1999 in materia di riconoscimento del titolo di maestro
di sci: secondo il Garante l'ufficio rapporti con gli organismi
sportivi del Ministero per i beni e le attivita' culturali poteva

trasmettere alla Federazione italiana sport invernali e al Collegio nazionale maestri di sci i dati personali contenuti nelle richieste di riconoscimento in Italia del titolo di maestro di sci conseguito all'estero, nell'ambito dell'attivita' istruttoria prevista da tale procedimento.

L'art. 70 del Codice riproduce l'art. 15 del d.lgs. n. 135/99 prevedendo tra le finalita' di rilevante interesse pubblico disciplinate dagli artt. 20 e 21 del codice quelle di applicazione della disciplina in materia di rapporti tra i soggetti pubblici e le organizzazioni di volontariato, in particolare per quanto riguarda l'elargizione di contributi finalizzati al loro sostegno, la tenuta di registri generali delle medesime organizzazioni e la cooperazione internazionale. Si considerano, inoltre, di rilevante interesse pubblico le finalita' di applicazione della legge 8 luglio 1998, n. 230, e delle altre disposizioni di legge in materia di obiezione di coscienza.

La norma si giustifica per la grande rilevanza sociale delle attivita' in essa considerate, sancita anche a livello costituzionale.

Per quanto riguarda il comma 1 per "volontariato" si intende ogni attivita' prestata in modo personale, spontaneo e gratuito, tramite l'organizzazione di cui il volontario fa parte, senza fini di lucro anche indiretto ed esclusivamente per fini di solidarieta': la Repubblica italiana, in base all'art. 1 della legge 11 agosto 1991, n. 266 riconosce il valore sociale e la funzione dell'attivita' di volontariato come espressione di partecipazione, solidarieta' e pluralismo e ne promuove lo sviluppo tutelandone l'autonomia.[30]

La tenuta dei "registri generali" cui fa riferimento il comma 1 dell'art. 70 e' disciplinata da regioni e province autonome e l'iscrizione negli stessi e' condizione necessaria per accedere ai contributi pubblici, per stipulare convenzioni con Stato, regioni, province autonome, enti locali e altri enti pubblici ai sensi dell'art. 7 della l. n. 266 del 1991 e per beneficiare delle agevolazioni fiscali previste dal successivo art. 8.

---

[30] AA.VV., *Codice in materia di protezione dei dati personali... op. cit.*

132

Le attivita' di volontariato legate alla cooperazione internazionale allo sviluppo sono fatte salve dall'art. 13 della l. n. 266 del 1991 e sono regolate dalla 1. 26 febbraio 1987, n. 49387: in base all'art. 1 comma 2 di tale testo normativo la cooperazione allo sviluppo, rispetto alla quale il Ministero degli esteri ha funzioni di coordinamento *ex* art. 5, e' finalizzata al soddisfacimento dei bisogni primari e in primo luogo della vita umana, dell'autosufficienza alimentare, della valorizzazione delle risorse umane, della conservazione del patrimonio ambientale, dell'attuazione e consolidamento dei processi di sviluppo endogeno e alla crescita economica, sociale e culturale dei paesi in via di sviluppo, al miglioramento della condizione femminile e dell'infanzia ed al sostegno della promozione della donna.

Generalmente si avra' trattamento di dati sensibili nell'ambito considerato dall'art. 70 in tutti quei casi in cui enti di volontariato vengono a contatto con soggetti pubblici fornendo loro i dati relativi alla propria organizzazione: si fa riferimento principalmente a quelle organizzazioni di volontariato che svolgono la propria attivita' nell'ambito di una struttura pubblica (ad esempio una struttura ospedaliera). In questi casi la compenetrazione tra soggetto pubblico e organizzazione di volontariato e' talmente marcata da rendere necessari frequenti flussi di dati, giustificando cosi' pienamente una disposizione come quella dell'art. 70: si pensi al caso in cui la struttura sanitaria intenda ottenere dati clinici relativi ai volontari in relazione alla prevenzione di possibili contagi o epidemie. Altri esempi citati sono quelli connessi alla presentazione di domande di iscrizione al registro regionale del volontariato, o per accedere a benefici, contributi o sovvenzioni , o ancora per stipulare convenzioni o usufruire di agevolazioni fiscali.

Riguardo alla *ratio* del comma 2 bastera' invece citare la sentenza della Corte Costituzionale del 19 dicembre 1991, n. 467, in base alla quale "*A livello dei valori costituzionali, la protezione della coscienza individuale si ricava dalla tutela delle liberta' fondamentali e dei diritti inviolabili riconosciuti e garantiti all'uomo come singolo, ai sensi*

133

dell'art. 2 della Costituzione, dal momento che non puo' darsi una piena ed effettiva garanzia di questi ultimi senza che sia stabilita una correlativa protezione costituzionale di quella relazione intima e privilegiata dell'uomo con se' stesso che di quelli costituisce la base spirituale-culturale e il fondamento di valore etico-giuridico": in base al ragionamento della Corte, seppur con l'opportuna opera di bilanciamento svolta dal legislatore rispetto a contrastanti doveri o beni di rilievo costituzionale e ad eventuali rischi di pregiudizio al buon funzionamento delle strutture organizzative e dei servizi di interesse generale la sfera di potenzialita' giuridiche della coscienza individuale rappresenta, in relazione a precisi contenuti espressivi del suo nucleo essenziale, un valore costituzionale cosi' elevato da giustificare la previsione di esenzioni privilegiate dall'assolvimento di doveri pubblici qualificati dalla Costituzione come inderogabili (c.d obiezione di coscienza).

L'art. 71 del Codice riprende, con varie modifiche, l'art. 16 del d.lgs. n. 135/99 il quale veniva considerato il principale, se non l'unico, tra gli articoli dedicati alle finalita' di rilevante interesse pubblico, a presentare problemi interpretativi ulteriori rispetto a quello dell'esatta individuazione dell'ambito applicativo.

Riguardo il comma 1 lett. a esso risponde all'esigenza di raccogliere in un'unica sede tutti i trattamenti di dati sensibili connessi a procedimenti direttamente o potenzialmente contenziosi, ma si e' anche messo in evidenza che mentre i trattamenti in tema di sanzioni amministrative sono legati agli accertamenti tesi alla loro irrogazione e perseguono con tutta evidenza finalita' di rilevante interesse pubblico, meno facile risulta inquadrare in tal modo i trattamenti connessi ai ricorsi: se non si vuole considerare tale riferimento ripetitivo di quanto specificato alla lett. b del comma 1 dell'art. 71 si deve ritenere che esso sia volto ad evitare formulazioni generalizzanti ed insufficientemente analitiche e a ridurre le incertezze applicative della delicata normativa.[31]

---

[31] AA.VV., *Codice in materia di protezione dei dati personali... op. cit.*

L'ampia formula della lett. b del comma 1 con il proprio riferimento alla sede giudiziaria piuttosto che alla sede giurisdizionale e' intesa ad evitare che alcuni settori, come ad esempio quello della volontaria giurisdizione, rimangano sforniti della tutela ex art. 71.

Nel provvedimento generale del 9 luglio 2003 il Garante evidenzia coma le norma dell'art. 71 operi indipendentemente dalla qualificazione che si intenda assegnare sul piano sistematico alla facolta' prevista dall'art. 391-quater c.p.p. (richiesta ai fini di indagini difensive dei documenti in possesso della P.A. e possibilita' di estrarne copia) riguardato alla luce del generale diritto di accesso a documenti detenuti dalle pubbliche amministrazioni.

Ma gli aspetti certamente piu' problematici relativi all'art. 71 sono legati al comma 2 e gia' rispetto al corrispondente comma 2 dell'art. 16 del d.lgs. n. 135/99 si erano evidenziate alcune carenze a causa dell'imperfetto coordinamento con il divieto di diffusione di dati idonei a rivelare lo stato di salute che portava inevitabilmente a delle soluzioni inique.

La concorrenza di diritti di rilevante portata con il dovere imposto dalla legge alla P.A. di difendere i propri interessi, anche non patrimoniali porta inevitabilmente a complesse operazioni interpretative testimoniate da pronunce giurisdizionali e dello stesso Garante.

La pronuncia giurisdizionale piu' recente in merito e' quella del Consiglio di Stato del 3 luglio 2003 n. 402, in cui si sostiene che la norma dell'art, 71 non risolve in astratto il conflitto tra l'interesse del terzo a conseguire l'accesso e quello alla riservatezza dell'interessato, consentendo all'Amministrazione che detiene i dati sensibili di valutare in concreto ciascuna fattispecie al fine di stabilire se l'accesso sia necessario o meno per far valere o difendere un diritto almeno pari a quello dell'interessato: nella specie si e' ritenuto legittimo il silenzio-rigetto formatosi rispetto ad una istanza di accesso all'esito della visita medica di leva del marito - che la moglie intendeva produrre in un procedimento per

135

la nullita' del matrimonio per incapacita' ad assumersi gli obblighi matrimoniali essenziali per cause di natura psichica - in quanto non vi era motivo di rivelare dati riservati, atteso che il marito aveva dichiarato al tribunale ecclesiastico di essere favorevole alla declaratoria di nullita' del matrimonio.

Quanto alle pronunce del Garante per la protezione dei dati personali, con la risposta del 10 dicembre 1997 l'Autorita' rispose al quesito di una Prefettura che chiedeva se fosse legittimo rilasciare copia di un modello 101 relativo ad un proprio dipendente ad una persona fisica che intendeva servirsene per agire in giudizio al fine di ottenere la maggiorazione di un assegno di mantenimento. Il Garante ricordava che in base all'art. 22 della 1. n. 241 del 1990 ed all'art. 2 del D.P.R. n. 352 del 1992 chiunque sia titolare di un interesse personale e concreto in relazione alla tutela di situazioni giuridicamente rilevanti, ha diritto di accedere ai documenti amministrativi e che secondo quanto disposto dagli artt. 24 comma 2 lett. d e 8 comma 5 lett. d degli stessi testi normativi *le amministrazioni pubbliche devono garantire in ogni caso la possibilita' di visionare gli atti relativi ai procedimenti amministrativi la cui conoscenza sia necessaria per curare o per difendere gli interessi giuridici del richiedente.* Si evidenziava comunque l'esigenza che i dati acquisiti fossero poi utilizzati esclusivamente per la tutela delle situazioni giuridicamente rilevanti che hanno giustificato l'accesso. Anche nel caso dell'art. 72 del Codice vengono riprese le previsioni di una disposizione del d.lgs. n. 135/99, esattamente l'art. 21, il quale era rubricato semplicemente "Enti di culto": l'unica innovazione riguarda l'eliminazione del riferimento alla "stretta necessita'" dei trattamenti di dati rispetto allo svolgimento dei rapporti istituzionali presi in esame dalla norma. In parte la previsione trovava riferimenti anche a livello europeo: il considerando 35 della direttiva europea 95/46/CE recita infatti "*il trattamento dei dati personali da parte di pubbliche autorita' per la realizzazione degli scopi, previsti dal diritto costituzionale o dal diritto internazionale pubblico, di associazioni religiose ufficialmente riconosciute viene effettuato per motivi di rilevante interesse pubblico.*

I dati presi in considerazione dalla norma sono esclusivamente quelli riguardanti i rappresentanti istituzionali degli Enti di culto o comunque di soggetti che per finalita' di carattere istituzionale degli enti medesimi entrino in rapporto con la P.A., mentre la norma non si applica agli aderenti a culti diversi da quello cattolico e da quelli i cui rapporti con lo Stato sono regolati da intese ai sensi dell'art. 8 della Costituzione, le cui convinzioni debbono rimanere riservate.[32]

Presumibilmente il legislatore con quest'art. 72 ha inteso introdurre una norma tendente a coprire, in via residuale, tutti i trattamenti legati a rapporti tra Stato e ambito religioso/confessionale non rientranti nella norma dell'art. 69 anche in considerazione della natura particolarmente delicata dei dati coinvolti.

Il riferimento ai "rapporti istituzionali" in ambito confessionale rimanda anche a vari trattamenti di dati personali svolti dal Servizio per i rapporti istituzionali e con le confessioni religiose istituito presso la Presidenza del Consiglio dei Ministri e operante nell'ambito dell'Ufficio studi e rapporti istituzionali: esso assiste il Segretario Generale nello svolgimento delle funzioni istituzionali di supporto al Presidente del Consiglio e al Sottosegretario di Stato nell'esercizio delle attribuzioni istituzionali in materia di rapporti con le confessioni religiose ai sensi degli artt. 7 e 8 della Cost. e coordina l'attivita' delle varie commissioni istituite presso la Presidenza del Consiglio con competenze in materia ecclesiastica e di liberta' religiosa e in materie di particolare impatto strategico anche sotto il profilo etico ed umanitario.

L'art. 73 del Codice presenta la particolarita' di essere l'unico tra quelli compresi nel Capo IV a non trovare precedenti in una disposizione del d.lgs. n. 135/99. Cio' non significa che esso risulti totalmente innovativo, riprendendo anzi le previsioni del fondamentale provvedimento del Garante 30 dicembre 1999-13 gennaio 2000, 1/P/2000, emesso in attuazione dell'art. 5 del d.lgs.

---

[32] AA.VV., *Codice in materia di protezione dei dati personali... op. cit.*

n. 135/99: tale norma prevedeva che in mancanza dell'espressa disposizione di legge richiesta dall'art. 22 comma 3 della vecchia legge 675/96 il Garante potesse determinare, su richiesta dei soggetti pubblici interessati e nelle more della specificazione legislativa, le attivita' ad essi demandate perseguenti finalita' di rilevante interesse pubblico.

Il provvedimento del Garante si era reso necessario in seguito alle pressanti richieste di numerosi enti locali, preoccupati del fatto che per molte attivita' di grande rilievo sociale il silenzio del d.lgs. n. 135/99 potesse costituire un forte ostacolo, se non cagionarne la paralisi, anche perche' per talune di queste risultava molto difficile poter forzare il dettato normativo facendole rientrare in una delle categorie in esso previste.

Le indicazioni del provvedimento 1/P/2000 sono ora codificate nell'art. 73 del Codice: le attivita' considerate nel comma 1 dalla lett. a alla lett. g sono quelle elencate dal Garante nei sette capoversi del punto 1 lett. a (attivita' socio-assistenziali) del provvedimento, mentre quelle delle lett. a-e del comma 2 ribadiscono le indicazioni del punto 1 lett. b-f. Le uniche integrazioni apportate dal legislatore delegato riguardano le lett. f e l del comma 2.

Rispetto agli interventi considerati al comma 1 lett. a e' stato rilevato come i soggetti coinvolti nelle attivita' di sostegno sociale siano in eguale misura di natura pubblica e privata, difatti la maggior parte dei servizi a favore dell'infanzia disagiata e' di competenza degli enti locali e delle aziende sanitarie locali; Comuni, Province ed Asl affiancano alla gestione diretta dei servizi, con proprie risorse, una gestione collaborativa o delegata su base contrattuale, insieme con gli altri operatori sociali privati.

Dall'adozione di questi schemi operativi deriva un tale coacervo di esperienze, informazioni, valutazioni, rilievi, test, analisi attinenti alle singole situazioni, da rendere a volte difficile distinguere tra trattamento effettuato dal soggetto pubblico o dal privato convenzionato.

Rispetto ai trattamenti considerati dalla lett. b verranno in rilievo i

138

dati sensibili raccolti presso l'interessato o presso le varie amministrazioni oltre alle comunicazioni di dati effettuate ad Asl, Osservatori provinciali sulle politiche sociali e enti convenzionati per la gestione dei servizi di assistenza.

Passando al comma 1 lett. c assume rilevanza la risposta del Garante alla nota tecnica dell'Anci del 23 maggio 2000, dalla quale si ricava che l'attivita' di organismi socio-assistenziali comunali tesa a trasmettere dati di minori stranieri coinvolti in vicende giudiziarie agli organi dei relativi paesi d'origine per consentirne il rimpatrio costituisca attivita' di rilevante interesse pubblico non solo ai sensi della norma di cui all'art. 64 del Codice, ma anche rispetto all'art. 73.

Il Garante si soffermava anche sul diritto dei cittadini di conoscere nell'esercizio dei propri diritti di accesso i dati trattati dai servizi sociali in situazioni in cui cio' poteva confliggere con diversi interessi: si faceva riferimento, in particolare, al caso dei nuclei familiari nei quali si realizzino abusi sui minori e all'eventuale richiesta del genitore "maltrattante" di accedere alle informazioni. L?Autorita' ricordava in proposito che l'allora art. 13 della legge 675/96 consenta all'interessato di avere accesso alle sole informazioni che lo riguardano attraverso estrazione delle stesse dagli archivi, atti e documenti in possesso della Pubblica Amministrazione e loro trasposizione, in forma agevolmente comprensibile, su di un supporto cartaceo od informatico da consegnare all'interessato medesimo.

Per quanto riguarda la norma del comma 1 lett. d si segnala la risposta del Garante del 25 giugno 1999 che si concentra sullo schema di regolamento sulle funzioni e i compiti della Commissione per le adozioni internazionali: tra i compiti attribuiti ad essa dalla legge alcuni rendevano infatti necessaria l'acquisizione di atti e documenti relativi a procedure di adozione internazionale, che possono contenere dati sensibili di vario genere (dati attinenti alla salute, orine razziale o etnica del minore, alla sua situazione sanitaria, ecc.). Il Garante considerava base normativa sufficiente ai sensi delle disposizioni sulla privacy la

139

Convenzione per la tutela dei minori e la cooperazione in materia di adozione internazionale ratificata con la l. 31 dicembre 1998, n. 476.

Per la vigilanza sugli affidamenti temporanei, cui fa riferimento il comma 1 lett. e, la normativa di riferimento e' costituita dalla l. 4 maggio 1983, n.184 come modificata dalle ll. 31 dicembre 1998, n. 476 e 28 marzo 2001, n. 149.

Alla lettera g del comma 1 si menzionano gli interventi in tema di barriere architettoniche definite dal legislatore come "*ostacoli fisici che sono fonte di disagio per la mobilita' di chiunque ed in particolare di coloro che, per qualsiasi causa, hanno una capacita' motoria ridotta o impedita in forma permanente o temporanea opure che limitano o impediscono a chiunque la comoda e sicura utilizzazione di spazi, attrezzature o componenti*".

L'art. 73 in tal caso sembra riferirsi genericamente ai trattamenti di dati sensibili legati a qualsiasi tipo di iniziativa necessaria per consentire o regolamentare l'accesso di soggetti disabili a determinati luoghi.

Mentre le finalita' elencate al comma 1 dell'art. 73 sono specificamente legate all'ambito socio-assistenziale e costituiscono forse il nucleo di attivita' rispetto al quale il provvedimento 1/P/2000 si era reso piu' urgente, il comma 2 sembra individuare tutta una serie di "altre attivita'" a carattere genericamente amministrativo che al tempo rimanevano scoperte rispetto alla normativa del d.lgs. n. 135/99.

Riguardo alla gestione di asili-nido (comma 2 lett. a) provvedono ancora le ll. 6 dicembre 1971 n. 1044 e 29 novembre 1977 n. 891: in particolare l'art. 1 della prima afferma che "*l'assistenza negli asili nido ai bambini di eta' fino a 3 anni nel quadro di una politica per la famiglia, costituisce un servizio sociale di interesse pubblico*".

Per quanto riguarda le previsioni del comma 2 lett. b, rispetto al quale non si sono registrate pronunce dell'Autorita', va notato come la gestione delle mense scolastiche e la fornitura di sussidi, contributi e materiale didattico comportino in particolare il trattamento dei dati sensibili contenuti nei certificati medici e nelle relazioni dell'autorita' scolastica relativi a tali servizi.[33]

In relazione al comma 2 lett. c vanno citati innanzitutto i trattamenti di dati idonei a rivelare lo stato di salute legati al D.M. del Ministero della Sanita' del 28 febbraio 1983.

In merito una delle poche pronunce rilevanti del Garante e' quella del 22 giugno 1998: in base ad essa anche i dati personali relativi a fenomeni di doping possono rientrare nella categoria dei dati sensibili quando il loro trattamento comprenda o faccia emergere informazioni riguardanti, sotto qualunque profilo, lo stato di salute degli interessati, il che puo' avvenire in base alle concrete modalita' del trattamento o alla quantita' e alla qualita' delle informazioni raccolte, ovvero al loro eventuale abbinamento con altre informazioni.

L'assegnazione di alloggi di edilizia residenziale pubblica (comma 2 lett. d) e' disciplinata dal D.P.R. 30 dicembre 1972 n. 1035: si tratta di alloggi costruiti da parte di enti pubblici a totale carico o con il concorso dello Stato, che vengono assegnati mediante pubblico concorso indetto dall'Istituto Autonomo delle Case Popolari competente per territorio a soggetti che presentino determinati requisiti legati in particolare a situazioni di disagio economico e di bisogno di un'abitazione adeguata alle esigenze del nucleo familiare.

Per quanto riguarda i dati sensibili che possono emergere in questi casi, la domanda degli interessati deve contenere, tra le altre indicazioni, anche quella relativa alla cittadinanza del soggetto richiedente e deve inoltre indicare ogni altro elemento utile ai fini della valutazione del bisogno di alloggio: fra questi potrebbero, in particolare, trovarsi dati legati alle condizioni di salute o allo stato di invalidita' dei richiedenti o di altri componenti del nucleo familiare, anche in relazione a situazioni di handicap fisici o mentali.

Per i trattamenti connessi alla leva militare (comma 2 lett. e) si puo' rinviare al D.M. del Ministero della Difesa del 10 ottobre 2002

---

[33] AA.VV., *Codice in materia di protezione dei dati personali ... op. cit.*

e in particolare alle precise indicazioni dell'all. n. 10 dedicato ai trattamenti svolti dalla Direzione Generale della leva.

Il comma 2 della lett. f prende in considerazione varie attivita' di polizia amministrativa anche a carattere locale, mentre il comma 2 della lett. g fa riferimento agli Uffici per le relazioni con il pubblico (Urp). Tali uffici sono disciplinati dall'art. 11 del d.lgs. 30 marzo 2001, n. 165 il quale ha abrogato con l'art. 72 comma 1 lett. t il d.lgs. n. 29 del 1993.

Rispetto al comma 2 lett. h si deve fare riferimento soprattutto alla l. 24 febbraio 1992 n. 225 istitutiva del Servizio nazionale della protezione civile, con compiti volti alla previsione e prevenzione delle varie ipotesi di rischio, al soccorso0 delle popolazioni sinistrate ed a ogni altra attivita' necessaria ed indifferibile diretta a superare l'emergenza connessa agli eventi naturali o all'attivita' dell'uomo o alle calamita' naturali o catastrofi definite dall'art. 2 della legge. I soggetti coinvolti in trattamenti di dati personali sono innanzitutto il Dipartimento della protezione civile nonche' le amministrazioni dello Stato, le regioni, le province, i comuni, ecc.

Nel settore del supporto al collocamento e all'avviamento al lavoro, l'art. 73 del Codice, comma 2, lett. i evidenzia in particolare l'attivita' dei Centri di iniziativa locale per l'occupazione e degli sportelli-lavoro: la materia del collocamento vero e proprio e' invece disciplinata come attivita' con finalita' di rilevante interesse pubblico dall'art. 112 del Codice.

Riguardo l'attivita' dei difensori civici regionali e locali (comma 2 lett. l) il particolare riferimento alla trattazione di petizioni e segnalazioni e' stato eliminato non tanto e non solo in quanto superfluo, ma anche perche' la migliore norma di copertura sembra essere quella dell'art. 67 comma 1 lett. b del Codice.

Il Codice della Privacy: una lettura ragionata

Michele Iaselli è Vicedirigente del Ministero della Difesa, avvocato, docente a contratto informatica giuridica presso la facoltà di giurisprudenza dell'Università degli Studi di Napoli Federico II e presso la facoltà di giurisprudenza della LUISS – Roma.
E' Specializzato presso l'Università degli Studi di Napoli Federico II in "Tecniche e Metodologie informatiche giuridiche".
E' Presidente dell'Associazione Nazionale per la Difesa della Privacy e coordinatore scientifico del Centro Studi Polibio.it.
Relatore di numerosi convegni, ha pubblicato diverse monografie e contribuito ad opere collettanee in materia di informatica giuridica e diritto dell'informatica.

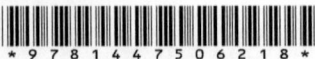